- Claude Lux -

LE BIEN-ÊTRE DU CHEVAL

Améliorer son confort au quotidien

VIGOT

Sommaire

Introduction

Alors que jadis le cheval était considéré comme une machine sans sentiment ni douleur, on sait aujourd'hui que ce compagnon est un être sensible qui mérite bien des égards.

Après plus de cinq millénaires de domestication et de fidèles services rendus aux hommes, il aura fallu plusieurs siècles de prise de conscience collective et de textes de lois pour que les chevaux bénéficient (enfin !) d'un statut juridique par rapport à l'homme.

Il faut, en effet, remonter à 1850 pour que la loi Grammont frappe d'une amende et de plusieurs jours de prison ceux qui « auront exercé publiquement et abusivement des mauvais traitements envers les animaux domestiques ».

Le 2 décembre 1945 en France, la souffrance animale a été prise en considération grâce à la création de la Société Protectrice des Animaux (SPA).

Plus récemment en 2016, une charte sur le bien-être équin, pilotée par la Fédération Nationale du Cheval (FNC), est signée par les professionnels de la filière équine.

Dans cet ouvrage, vous trouverez des conseils pratiques et des méthodes permettant de mieux connaître et d'améliorer facilement le bien-être de votre cher compagnon. Des outils vous serviront à optimiser son environnement pour répondre à ses besoins ; sans cependant négliger ceux des personnes qui l'utilisent et qui l'entretienne au quotidien.

1

Le cheval au naturel

Gestion du temps chez le cheval

Dans des conditions naturelles, les activités du cheval se répartissent quotidiennement et en moyenne de la façon suivante :

- 15 à 16 heures par jour à brouter et à surveiller son environnement ;
- 5 à 6 heures par jour consacrées au repos ;
- 1 à 2 heures par jour pour se déplacer ;
- Le reste du temps est lié à d'autres activités comme les « relations sociales ».

De longues observations des chevaux en milieu naturel révèlent que ces durées quotidiennes sont plutôt stables, mais que le moment où ils se produisent varie suivant le contexte, la saison, la météo, l'âge, la race, etc.

Le cheval, enfermé dans son box la quasi-totalité de la journée, n'est pas dans un état naturel, ce qui conditionne son comportement.

Besoins et bien-être

Pour assurer le bien-être du cheval, il faut connaître tous les besoins essentiels de cet animal.

Se nourrir

Le cheval pâture 15 à 16 heures par jour, voire plus, car son système digestif ne peut ingérer que peu de nourriture à la fois. Il mange donc pratiquement « en continu » le jour comme la nuit. Comme l'a précisé le grand zoologiste Desmond Morris, « le cheval peut être considéré comme un animal nocturne », car il a la capacité de voir dans la pénombre. Autre particularité, surtout dans les zones où l'herbe est rare : le cheval se déplace beaucoup pour brouter une végétation variée qu'il peut compléter par des mousses, des feuilles, des baies, des brindilles, etc. En pâture, il recherche les végétaux qui lui conviennent le mieux, préférant plutôt ceux qui sont sucrés, mais évitant d'instinct les plantes toxiques. Pour leur bien-être, il est donc recommandé de laisser les chevaux retrouver cette disposition naturelle.

Se reposer

On distingue deux types de repos chez le cheval :

- La somnolence qui dure peu de temps. Le cheval reste debout, les yeux mi-clos, l'encolure basse, les oreilles légèrement en arrière, les lèvres souvent pendantes, un postérieur au repos.
- Le repos couché soit en vache, soit complètement sur le côté. C'est le « sommeil à ondes lentes ». La phase de « sommeil paradoxal » est de courte durée, car cette position est inconfortable (compression des organes). C'est par ce type de repos que le cheval rêve.

Le cheval ne se repose correctement que s'il se sent en sécurité.

Une hiérarchie s'installe naturellement dans un groupe de chevaux et des affinités vont rapprocher certains plutôt que d'autres.

Dès leur plus jeune âge, les poulains aiment se regrouper par affinités. Ils se livreront alors à des grattages mutuels appelés «grooming».

Température

Un adage dit que « la chaleur de l'écurie tue le cheval à petit feu », autrement dit le cheval supporte mieux le froid que le chaud. Il est cependant très sensible aux variations brusques de température dont l'écart ne doit pas être supérieur à 10 à 15 °C.

Dans sa zone de confort thermique, ou « zone de thermorégulation minimale », l'organisme du cheval n'a pas besoin de dépenser d'énergie supplémentaire pour maintenir sa température interne. Chez l'homme, elle est d'environ 25 °C mais chez le cheval non tondu, elle se situe entre 5 °C et 25 °C car elle dépend de nombreux facteurs, dont la race et le niveau de rusticité. Des études indiquent que le cheval a besoin de 10 à 20 jours pour s'adapter à une chute de température de 15 °C. Un cheval qui a froid voit son rythme respiratoire et cardiaque baisser, avec l'apparition de frissons et de tremblements. Inversement, lorsque le cheval souffre de la chaleur, les rythmes respiratoires et cardiaques augmentent et de la transpiration mouille sa robe.

Naturellement, le cheval dispose de plusieurs moyens pour lutter contre le froid :

• Des frissons qui représentent un mécanisme réflexe de contraction des muscles, augmentant la température superficielle de son corps.

• Un exercice intense fait rapidement monter la température, mais le cheval qui vit à l'extérieur a tendance à économiser son énergie lorsqu'il fait froid.

• La pilo-érection, ou hérissement des poils, augmente l'effet isolant des poils en enfermant de l'air. Naturellement, une toison épaisse et isolante pousse dès l'automne sur le corps du cheval pour le protéger du froid.

• La vasoconstriction des vaisseaux aux extrémités des membres limite la perte de chaleur en faisant refluer du sang vers les organes centraux. Les extrémités des membres sont alors froides. En surface, ce phénomène naturel fait baisser la température de la peau, ce qui explique qu'on peut voir des chevaux avec de la neige qui ne fond pas sur leur dos.

• La mobilisation du système endocrinien provoque une libération de substances qui permettent la mobilisation du glycogène servant de carburant, ce qui aide le cheval à se protéger du froid.

• Une réserve de graisse est accumulée par les chevaux à l'approche de l'hiver. La répartition des tissus adipeux est également modifiée sur leur corps.

Une augmentation d'apports énergétiques dans la ration aide le cheval à lutter contre le froid. Entre 0 et -10 °C, le cheval au pré a besoin d'environ 10 % d'énergie de plus qu'en temps normal, pour pouvoir lutter contre le froid. Tenez-en compte pour augmenter progressivement sa ration de foin.

Pour éviter le gel des abreuvoirs, la température ne doit pas descendre en dessous de 2 °C. L'humidité de l'air de l'écurie ne devrait pas être supérieure de 10 % à celle de l'air extérieur, avec un maximum de 70 %.

Surveiller l'environnement

Même lorsqu'il broute, le cheval surveille son environnement. Il lève alors quelques secondes la tête, oreilles pointées dans la direction de ce qui l'inquiète (l'étalon passe beaucoup de temps à surveiller ses juments).

Se déplacer

Lorsqu'ils en ont la possibilité, les chevaux marchent généralement au pas 1 à 2 heures par jour, voire plus. Ceux qui vivent en quasi-liberté se déplacent en groupe sur de longues distances afin de trouver l'eau et la végétation qui leur convient.

Interactions sociales

Là où vivent les chevaux (prés, écuries), il est important pour leur équilibre qu'ils soient au contact d'autres chevaux pour se voir, se sentir, s'entendre et se gratter mutuellement. Ainsi, les « chevaux copains » peuvent se livrer à du « grooming » (pansage mutuel). Les chevaux aiment se gratter sur les branches, les piquets de clôture, les pierres saillantes, etc. On remarque que les poulains passent beaucoup de temps à jouer entre eux. Ces jeux détermineront progressivement leur position hiérarchique. Ces contacts régulent le stress chronique. Leur absence occasionne, à l'inverse, des troubles de comportements à l'origine de stéréotypies et d'agressivité envers les humains.

Le cheval en box

Le « budget temps » du cheval est fortement modifié lorsqu'il séjourne en box. Le temps consacré à s'alimenter est réduit à quelques minutes si le cheval est principalement nourri de concentrés. Dans ce cas, il est donc indispensable de multiplier le nombre de repas et de lui laisser du foin à sa disposition. En revanche, le temps de repos est rallongé lorsque le cheval travaille peu. Celui consacré à la surveillance de l'environnement sera quasiment nul au box, mais le cheval s'ennuiera en raison de son isolement.

Le confinement, l'isolement, l'absence de déplacement peuvent créer des troubles comportementaux. Une mise en paddock régulière et une simple grille disposée entre les boxes peuvent limiter ces problèmes. D'autres solutions innovantes d'hébergement comme les « paddocks paradise » ou « l'écurie active » (voir p. 81) le rapprochent des conditions naturelles.

Critères d'évaluation du bien-être selon le programme Welfare Quality®

Dès 1998, le Farm Animal Welfare Council (organisme anglais datant de 1979) a déterminé les « libertés » permettant d'évaluer le bien-être animal, actuellement décliné sur le plan européen. Le protocole d'évaluation du bien-être se résume à quatre grands principes divisés en douze critères (voir p. 16).

Qu'est-ce que le « RESPE » ?

RESPE signifie « Réseau d'Épidemio-Surveillance en Pathologie Équine ». Destiné au bien-être du cheval, c'est un engagement de l'ensemble des représentants des professionnels de la filière équine. La charte est construite dans une logique « cheval-centré ». Elle traduit les mesures les plus pertinentes en termes de bien-être animal communes aux différents segments de production et d'utilisation, issues des expériences professionnelles et des connaissances scientifiques, avec comme base de progression la réglementation existante. La charte pour le bien-être équin prévoit différentes mesures.

CRITÈRES D'ÉVALUATION DU BIEN-ÊTRE SELON LE PROGRAMME WELFARE QUALITY®

LES 4 GRANDS PRINCIPES	12 CRITÈRES
1 BONNE ALIMENTATION	Absence de faim prolongée
	Absence de soif prolongée
2 BON HÉBERGEMENT	Confort pour le repos
	Confort thermique
	Facilité de mouvement
3 ÉTATS SANITAIRES	Absence de blessure
	Absence de maladie
	Absence de douleur causée par l'utilisation
4 COMPORTEMENTS APPROPRIÉS	Possibilité d'expression des comportements sociaux
	Possibilité d'expression des autres comportements de l'espèce
	Bonne relation homme/animal
	État émotionnel positif*

* « Les émotions négatives telles que la peur, la détresse, la frustration ou l'apathie devraient être évitées alors que les émotions positives, comme la sécurité et la satisfaction, devraient être favorisées. »
Source : www.fawec.org/fr/fiches-techniques/29-bien-etre-general/108-qu-est-ce-que-le-bien-etre-animalfiches-techniques/29-bien-etre-general/108-qu-est-ce-que-le-bien-etre-animal

Mesure 1
Veiller à établir une relation de confiance lors de la manipulation des chevaux et de leurs contacts avec l'homme.

Mesure 2
Garantir un approvisionnement en eau et en aliments suffisants et adaptés aux besoins physiologiques et comportementaux des chevaux, ainsi qu'à l'intensité du travail qui leur est demandé.

Mesure 3
Offrir aux chevaux un lieu de vie aménagé de manière à prévenir les risques de blessures et de maladies et leur permettant de s'adapter aux variations climatiques.

Mesure 4
Veiller à structurer et aménager l'environnement de vie des chevaux de manière à leur permettre d'exprimer leurs comportements naturels et à leur offrir un confort de repos et de travail.

Mesure 5
Respecter le caractère grégaire des chevaux en favorisant les contacts sociaux positifs entre eux, afin de limiter les troubles comportementaux.

Mesure 6
Définir collectivement les bonnes pratiques d'élevage, de détention et d'utilisation des chevaux dans l'objectif de limiter les risques sur leur santé.

Mesure 7
Prévenir ou soulager la douleur animale.

Mesure 8
Assurer les soins nécessaires tout au long de la vie des chevaux; leur mort devant advenir dans des conditions décentes lorsqu'il n'existe pas de thérapies efficaces ou économiquement supportables.

2

Bien-être et mal-être du cheval

En dehors de son environnement naturel et hébergé dans des conditions non propices à ses propres besoins, le cheval peut éprouver un mal-être provoqué par un inconfort, tant psychologique que physique. En outre, le travail qui lui est demandé n'est pas toujours adapté à ses compétences. En parfaite connaissance de ses besoins fondamentaux, il convient donc, dans un premier temps, d'être attentif aux signes d'inconfort du cheval, pour être en mesure d'améliorer son environnement et ses conditions de travail, et de le mettre en situation de bien-être.

Un simple ballon suspendu à la porte du box permet au cheval d'occuper son ennui en jouant, ce qui tend à limiter son stress. Les fabricants proposent une vaste gamme de jouets d'écurie.

Repérer les signes d'inconfort du cheval

Dans la nature, les chevaux sauvages rencontrent des difficultés et des dangers. Sujets à des blessures, ils en souffrent. Ils sont attaqués par les insectes, par des prédateurs (notamment les jeunes poulains), infestés par les parasites, blessés ou ils souffrent d'un manque d'eau, de nourriture, sont confrontés à des conditions climatiques dures. Protégé et soigné par l'homme, le cheval est à l'abri de la plupart de ces risques, mais l'enfermement en box lui fait perdre sa rusticité naturelle. Il peut alors souffrir d'une différence trop importante entre sa vie naturelle et celle qui lui est imposée « en captivité ». Un juste équilibre s'impose pour assurer le bien-être du cheval, sans cependant négliger de rationaliser les servitudes liées à son entretien.

Celui qui connaît bien son cheval repère vite s'il est souffrant. Il peut s'agir d'un problème de stress ou de santé, d'une alimentation mal adaptée, d'une blessure, d'un parasitisme, d'une fièvre, d'un excès de travail, etc. Le cheval ne s'exprimant pas par la parole, voici comment repérer un éventuel état d'inconfort, de souffrance et de douleur.

Signes d'inconfort ou de souffrance : la douleur

Quantifier le degré d'intensité de la douleur chez un animal est difficile. Ce sont les modifications de son comportement qui permettront de repérer le niveau de celle-ci. La douleur peut être par exemple d'origine infectieuse (entraînant une baisse du système immunitaire ou un retard de cicatrisation), respiratoire ou bien de l'hypertension artérielle.

Voici les principales expressions de la douleur selon les parties du corps du cheval :

- Tête qui reste immobile en toutes circonstances.
- Expressions faciales anormales qui témoignent d'une souffrance.
- Paupières très ouvertes avec le blanc de l'œil visible la majorité du temps. À l'inverse, les paupières peuvent être presque complètement fermées. Soyez attentif si le cheval ne prête aucune attention à son environnement ou que son regard reste fixe.
- Naseaux fortement dilatés avec des bruits respiratoires éventuellement audibles.
- Coins de la bouche et lèvres nettement relevés.
- Tonus musculaire de la tête présentant des fasciculations (brèves secousses musculaires involontaires).
- Bâillements répétés qui révèlent généralement un ulcère d'estomac.
- Dents qui grincent.
- Oreilles tournées ou pas vers l'arrière, mais sans réponse aux sons émis. Le cheval présente peu d'intérêt pour vous lorsque vous vous approchez de lui.
- Posture anormale.
- Corps couvert de sueur sans raison, alors que les autres chevaux autour de lui sont secs.
- Manque d'entrain ou de dynamisme au travail ou mauvaise récupération.
- Rythmes respiratoires et cardiaques anormalement élevés.
- Agressivité soudaine et anormale.
- Poil terne et « piqué ».

Signes d'inconfort ou de souffrance liés à l'ennui

Par ennui, notamment lorsqu'il ne peut pas passer son temps à mâcher son foin ou l'herbe de sa pâture, ou sans rapports sociaux, le cheval peut présenter des stéréotypies appelées communément « tics ».

Stéréotypies orales

Dans le tic à l'appui, le cheval peut appuyer discrètement les dents de sa mâchoire supérieure contre la porte ou un rebord dans son box, en effectuant un bruit caractéristique d'éructation, tout en contractant les muscles de son encolure. Dans le tic à l'air, il avale également de l'air, mais sans prendre appui. Une étude récente révèle que ces tics, à l'appui ou à l'air, stimulent

Dans le tic à l'appui, le cheval contracte les muscles de son encolure. Généralement pratiqué en box, ce tic peut également être fait sur un simple piquet de pâture sur lequel le cheval s'appuie.

la production de salive qui aurait tendance à lutter contre l'acidité à l'origine des ulcères d'estomac. Toutefois, mieux vaut empêcher le cheval de se livrer à ces tics en lui mettant un collier anti-tic ou en supprimant tout endroit où il pourrait prendre appui. La remise en liberté dans une pâture où il peut s'occuper à paître reste le meilleur remède car un tic installé depuis longtemps est difficile à soigner. Il existe un autre tic oral, appelé « langue serpentine », qui consiste à sortir la langue en la secouant. Le cheval peut également secouer la tête en claquant des lèvres. Certains chevaux cherchent constamment à mordre agressivement tout ce qui se trouve à leur portée.

Stéréotypies locomotrices

Le cheval atteint du tic de l'ours se balance latéralement d'un antérieur sur l'autre à la porte de son box. Il peut également encenser, avec des mouvements brusques de l'encolure et de la tête de bas en haut. Le stress pousse également le cheval à tourner constamment en rond dans son box, ce qui le fatigue inutilement. Un cheval anxieux tape parfois avec les antérieurs contre la porte du box ou botte contre les murs, allant jusqu'à se blesser.

Quand ils souffrent, certains chevaux présentent un comportement particulièrement agressif envers les autres chevaux ou les personnes. Autre signe d'inconfort : le fait de ne plus être attentif à son environnement. Inversement, certains chevaux sont hypervigilants, ce qui témoigne d'un état de stress.

Comment vérifier l'inconfort du cheval

En présence d'un ou plusieurs de ces signes, vérifiez la température du cheval, ainsi que ses rythmes respiratoire et cardiaque, qui sont d'excellents indicateurs de son état de santé. Notez l'heure et la valeur de vos observations, car elles sont importantes pour suivre l'évolution d'une éventuelle pathologie.

Si le cheval présente une posture anormale, vérifiez en le soulevant que le pied souffrant n'est pas blessé et que ses tendons ne sont pas engorgés (enflés).

Assurez-vous également que le cheval n'est pas blessé par son harnachement : sous la selle, à la sangle, à l'endroit où s'appuie le mors. Vérifiez que les pieds ne sont pas chauds et qu'une mauvaise ferrure ne gêne pas sa locomotion.

Il faut savoir que les changements alimentaires se traduisent généralement par une modification des crottins : consistance, forme et couleur. L'absorption de paille et le foin ont tendance à éclaircir les crottins et à les durcir. Inversement, l'herbe verte les ramollit et leur donne une couleur foncée. Une odeur des crottins fortement modifiée révèle généralement un dérèglement de la flore digestive.

Comment évaluer le degré de douleur

En médecine humaine, il est demandé au patient d'évaluer lui-même le degré de douleur sur une échelle de 1 à 10. Chez le cheval, ce sont des signes visibles qui permettent d'évaluer le degré de douleur, ainsi que son évolution. Voici quelques signes qui indiquent une douleur importante :

- Les oreilles tournées vers l'arrière.
- Les paupières fermées.
- La contraction plus ou moins importante des muscles situés au-dessus de l'œil.
- La crête osseuse de l'os temporal visible.
- La contraction et la visibilité plus ou moins importante des muscles masticateurs.
- La lèvre supérieure est remontée et la lèvre inférieure est pendante.
- Les narines dilatées.

L'état des dents

Un cheval qui ne peut pas mâcher correctement ses aliments dépérit progressivement. Il est donc indispensable de s'assurer que ses dents remplissent correctement leur fonction. Si vous trouvez des boules de foins mal mâchées dans son auge, c'est que ne pouvant mastiquer le foin, le cheval s'est contenté de le sucer. Il faut alors le mouiller pour le ramollir et utiliser des aliments floconnés, plus faciles à mâcher que les granulés. Chez un vieux cheval, l'intervention d'un vétérinaire ou d'un dentiste équin est recommandée. Il va notamment niveler les tables dentaires pour améliorer la mastication et supprimer les « dents de loup » qui forment des pointes pouvant blesser l'intérieur des joues.

Vérifier l'état corporel du cheval

Votre cheval est-il en état, ni trop gros ni trop maigre ? Comment évaluer son état corporel d'une façon objective ?
Pour affiner la ration alimentaire d'un cheval, il est nécessaire de savoir estimer l'état corporel lié à sa race, son sexe, son âge, aux activités qu'il pratique et à son tempérament. Un cheval d'endurance, par exemple, peut paraître maigre tout comme un coureur de marathon, alors qu'il est en état. La morphologie d'un cheval qui vit en pâture varie suivant la production saisonnière de l'herbage, et ses propres réserves de graisse.
C'est donc en évaluant les réserves de graisses d'un cheval (dépôts adipeux) qu'on peut juger de son état corporel et intervenir au bon moment sur son alimentation. Ces évaluations font suite à des critères visuels et des palpations suivant une grille prédéfinie. Les éleveurs parlent de « maniement ».

Les critères visuels

Une observation quotidienne permet à l'homme de cheval de juger l'état de l'animal pour intervenir à temps comme l'indique le dicton : « C'est l'œil du maître qui fait grossir le cheval. » Les tests visuels analysent les sept points anatomiques suivants, qui seront à compléter avec une palpation manuelle :

- Le chignon, situé sur le bord supérieur de l'encolure.
- Le garrot.
- La partie arrière de l'épaule.
- La ligne de dos correspondant aux apophyses épineuses.
- Les côtes.
- La croupe.
- L'attache de la queue.

Les notes données de 1 à 5 correspondent à la grille figurant en page 26. La note globale est obtenue à partir d'une moyenne.

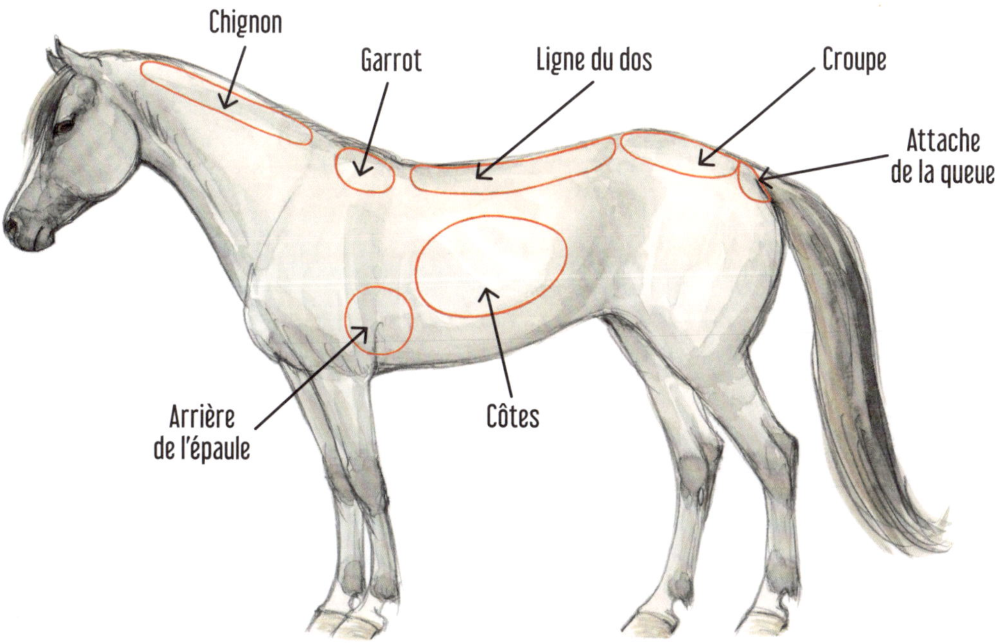

L'observation et la palpation de zones repères permettent d'apprécier l'état du cheval, pour intervenir à temps sur ses rations.

Attention : certaines robes au poil piqué ou terne peuvent présenter des couleurs ou des reflets trompeurs, ce qui peut influencer la note visuelle.

Palpations manuelles

Ces manipulations permettent d'évaluer l'épaisseur de graisse entre la peau et les os, à différents points anatomiques. La palpation par pression se fait par un mouvement circulaire permettant de juger l'épaisseur mais également la mobilité des dépôts adipeux. Cela permet de ne pas confondre muscle et dépôt de graisse.

Les palpations sont évaluées sur les points suivants :

• Encolure : l'importance du dépôt de graisse situé sur le bord supérieur de l'encolure est appréciée en pinçant ce « chignon » entre le pouce et les autres doigts de la main.

• Garrot : cet endroit, facile à repérer, permet d'obtenir une évaluation aisée de l'épaisseur du tissu adipeux en le palpant. Attention car un garrot très « sorti » peut laisser croire que le cheval est maigre, ce qui fausse la note attribuée.

• Arrière de l'épaule : se situe au-dessus du coude et de l'avant-bras, soit légèrement en avant du passage de sangle au niveau du milieu du quartier de la selle. Il est palpé par pression de la main à plat en faisant rouler la peau sous les doigts pour estimer le rebond qui fait suite à une pression de la main.

GRILLE DE NOTATION

Zones d'observation	Note 1	Note 2	Note 3	Note 4	Note 5
Encolure/ chignon	Chignon inapparent	Chignon visible	Chignon légèrement visible	Chignon ferme, tenu à pleine main	Chignon très bombé, noyé dans la masse
Garrot	Saillant	Marqué, sec	Légèrement sorti	Noyé	Noyé et enveloppé par la masse
Arrière de l'épaule	Creux	Légèrement concave	Plat	Légèrement bombé, épais et mou	Bombé, épaule noyée
Ligne du dos	Très apparente	Marquée	Apparente	Noyée	Noyée
Côtes	Apparentes	Légers creux intercostaux	Invisibles	Impalpables	Épais, roulant sous la main
Croupe	Pointue	Pointes des fesses et des hanches apparentes	Ronde	Pointes des fesses et des hanches noyées	Croupe double
Attache de queue	Saillante	Détachée	Enrobée	Se détache peu	Noyée, formant un coussin en rond

Type de cheval	Note optimale
Poney type sport	3
Poulinière	3 à 3,5
Étalon	3
Cheval de course, trotteur galopeur	2 à 2,5
Cheval de complet ou d'endurance	2 à 2,5
Cheval d'obstacle, de dressage ou de loisirs	3 à 3,5
Jeune cheval en croissance	2 à 3

À partir de la première grille de notation, estimez chaque élément de 1 à 5, puis faites la moyenne des notes attribuées.
Dans la seconde grille, la moyenne obtenue permet de déterminer l'état corporel du cheval, par rapport à une note «idéale», en tenant compte de sa catégorie et de son activité.

• Ligne du dos : située au niveau du siège de la selle, elle correspond aux vertèbres dorsales et lombaires. Elle est appréciée en la suivant avec la main pour juger si la ligne des vertèbres est marquée ou noyée dans la masse. Cette zone n'est pas facile à évaluer car on peut confondre un dos musclé avec un dos tendu, présentant de forts dépôts adipeux.

• Les côtes : elles représentent un endroit majeur d'appréciation de l'état corporel du cheval. La palpation se fait à l'endroit où viennent se poser les quartiers de la selle (10 à 14e côte). En passant la main à plat, on fait rouler la peau sur les côtes dans le but d'apprécier si elles sont ou non recouvertes de graisse. Autre critère : si tout va bien, les côtes ne sont visibles qu'en fin d'inspiration.

• La croupe : elle peut être pointue, rebondie ou « double ». On peut chercher à la main s'il y a présence d'un sillon entre les deux masses musculaires et si les pointes des hanches et des fesses sont plus ou moins noyées dans le muscle.

• L'attache de queue : elle peut présenter un volume adipeux épais de chaque côté formant un « coussin » que l'on sent facilement à la palpation. Est appelée « raie de misère » le creux marqué dans la fesse qui révèle un manque d'état du cheval.

En pratique

Pendant les palpations, le cheval, tenu par un aide et isolé des autres chevaux, est placé sur un sol horizontal. Par mesure de sécurité, l'aide et celui qui palpe sont placés sur le même côté du cheval. Cette méthode peut être réalisée tous les mois pour des chevaux au travail et tous les deux mois pour les chevaux d'élevage. Une note correspondant à un embonpoint marqué (note 4,5-5) indique généralement une suralimentation doublée d'un manque d'exercice. Ce qui peut entraîner des pathologies graves comme la fourbure. L'obésité peut également indiquer un Syndrome Métabolique Équin (SME) avec de forts dépôts adipeux localisés au niveau de l'encolure, de la base de la queue, en arrière de l'épaule, ou encore dans la région du fourreau (ou des mamelles).

Détruire les parasites internes

Les parasites internes sont les redoutables ennemis cachés du cheval. S'il est normal qu'une certaine quantité de vers habitent son organisme, il faut éviter qu'ils ne l'infestent progressivement, au risque de nuire à sa santé et par extension à son bien-être. Trop nombreux, les parasites peuvent migrer dans tout l'organisme en provoquant des troubles insoupçonnés, parfois irréversibles. La meilleure façon d'identifier les parasites, est de faire une coproscopie en analysant le crottin. Cela permet de déterminer la quantité et

En vermifugeant le cheval, il faut bien s'assurer qu'il a dégluti la totalité du produit contenu dans la seringue buccale.

d'identifier les différents vers. Néanmoins, attention à ne pas vouloir détruire la totalité des vers, car l'organisme perdrait alors ses défenses naturelles et les vers qui resteraient en place gagneraient en résistance. Pour détruire les vers, on peut utiliser des vermifuges naturels à base de plantes. Leur efficacité est cependant limitée par rapport aux traitements allopathiques (vermifuges classiques).

Les vermifuges classiques se présentent en pâte contenue dans une seringue buccale. Le principe actif est généralement noté à côté de la marque commerciale. Ceux dont le nom se termine par « zole » (benzimidazole, par exemple) combattent les grands strongles, les ascaris et les oxyures, surtout présents à la belle saison. Ceux « non zoles » combattent, en plus, les gastérophiles et les petits strongles, surtout présents en automne. Un vermifuge « non zole » est plus onéreux qu'un vermifuge « zole ». Par souci d'économie, il est donc inutile d'administrer un vermifuge « non zole » au printemps, mais il sera nécessaire en automne pour combattre les gastrophiles et les petits strongles. Dans un groupe de chevaux, il faut savoir que 20 % d'entre eux « forts excréteurs » de larves sont alors responsables de 80 % de la contamination de l'environnement.

Dans la pratique

- Vérifiez la date de péremption des produits.
- Dosez les vermifuges en fonction du poids du cheval (une bague réglable est prévue à cet effet).
- Vermifugez tous les chevaux de l'écurie en même temps.
- Vermifugez la veille de la mise en pâture pour que les larves restent dans le box, sans ensemencer l'herbage.
- Il faut s'assurer que la bouche du cheval est vide avant de lui administrer le vermifuge
- Il est préférable de faire tenir le cheval au licol et de maintenir sa langue sur le côté pour qu'il garde la bouche ouverte. Introduisez la seringue de l'autre côté et déposez le produit le plus loin possible sur la langue. Lâchez la langue, que le cheval recule par réflexe, pour déglutir le produit.
- Maintenez pendant quelques secondes la tête haute pour éviter qu'il ne rejette le produit d'un grand mouvement sur le côté.
- Vous pouvez lui donner du foin pour augmenter le brassage et le temps de passage du vermifuge dans le tube digestif.

PROTOCOLE DE VERMIFUGATION

Mode d'hébergement	Saisons			
	Printemps	Été	Automne	Hiver
Cheval vivant constamment en pâture	Mars-avril, lors de la mise en pâture : **vermifuge type « zole ».**	Juillet-août lorsque l'herbe commence à manquer : **vermifuge type « zole ».**	Septembre-octobre : **vermifuge « non zole » + praziquantel.**	
Cheval hébergé en alternance entre box et pâture	Mars-avril : **vermifuge type « zole ».**	Juin-juillet : **vermifuge type « zole ».**	Septembre-octobre : **vermifuge « non zole ».**	Décembre : **vermifuge « non zole » + praziquantel.**
Cheval constamment hébergé en box	**Vermifuge type « zole ».**			**Vermifuge « non zole » + praziquantel.**

3

Améliorer les conditions de travail et de récupération

De bonnes conditions de travail

Pour que votre cheval travaille sereinement, il est nécessaire de le mettre dans de bonnes conditions, tant physiques que psychologiques. Cela débute par un échauffement précédant les séances de travail, particulièrement pour un jeune cheval qui doit conserver toute sa fraîcheur sans « s'user prématurément ».

Au sortir du box, surtout par temps froid, la détente permet au cheval d'échauffer ses muscles et mettre en route les grandes fonctions : cardiaque et respiratoire. Aucun effort ne doit lui être demandé, tant qu'il n'est pas échauffé.

L'entraînement bien pensé qui suit développe sa musculature, ce qui améliore ses performances tant sportives, cardiaques que pulmonaires. Cela favorisera ses capacités de récupération après l'effort.

Développer et assouplir la musculature

Un entraînement soutenu et bien pensé, comme des trottings de plusieurs kilomètres, développe la musculature du cheval et l'assouplit. Surveillez le souffle et le rythme cardiaque nécessaire tout au long de l'entraînement car, mal adapté, il peut engendrer des courbatures dont va souffrir le cheval. Celles-ci nuisent également à son mental.

Améliorer la capacité respiratoire

La capacité respiratoire du cheval est améliorée tout au long d'un entraînement régulier, afin que les poumons répondent de mieux en mieux aux demandes en oxygène des muscles. Après un temps de canter (galop lent) ou de trotting, les

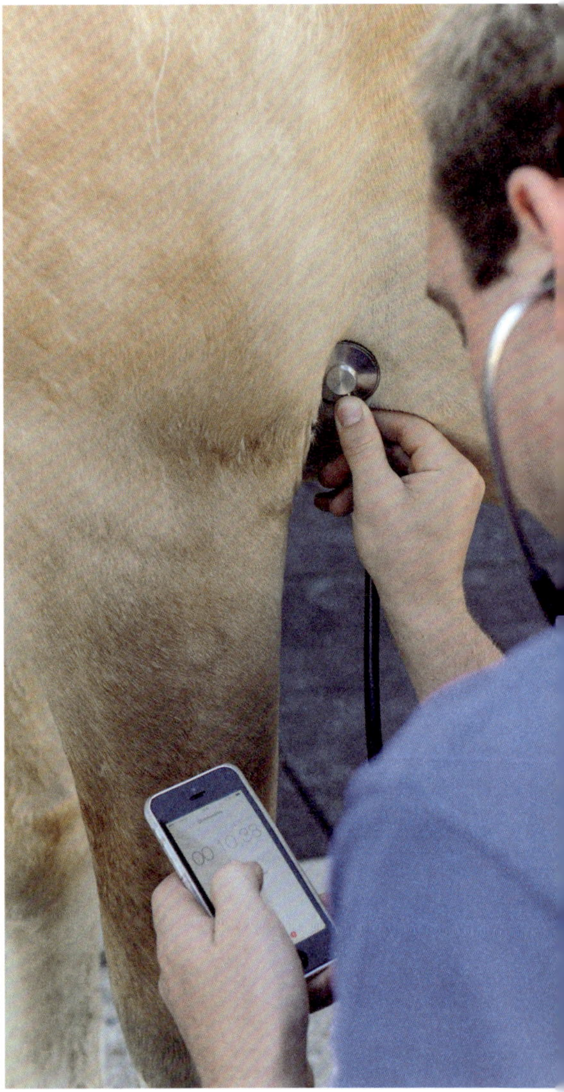

Avec un stéthoscope, le vétérinaire écoute les bruits du cœur du cheval et mesure sa récupération après l'effort.

entraîneurs demandent au cheval un « bout vite » de quelques centaines de mètres pour « ouvrir ses poumons », favorisant leur ventilation.

La récupération active

Pendant un effort long et relativement intense, les rythmes cardiaque et respiratoire augmentent, mais doivent retrouver leur valeur initiale après une période de récupération, variable suivant le niveau d'entraînement des chevaux. Après un effort soutenu comme un cross, n'arrêtez pas immédiatement le cheval mais faites-le trotter à allure modérée, rênes longues, entre 5 et 15 min juste après la fin de l'effort principal. Cette récupération dite « active » a pour effet de « nettoyer les muscles » de l'acide lactique qui les imprègne.

Une récupération active bien conduite permet au cheval de diminuer les délais à retrouver ses rythmes respiratoire et cardiaque normaux après l'effort et de faire redescendre sa température corporelle. Elle permet également de reconstituer les réserves d'énergie de ses muscles. Des crampes ainsi qu'une chute de tension sont à craindre si trop d'acide lactique stagne dans les muscles.

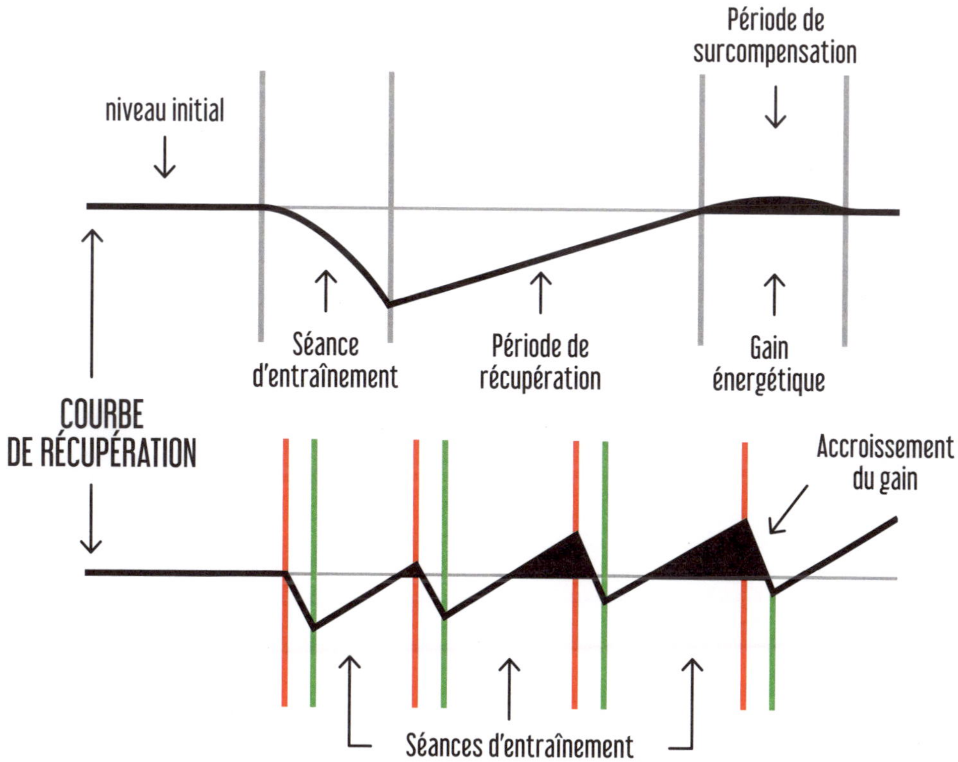

Avec un entraînement progressif et approprié, l'organisme après un effort peut développer des performances supérieures à celles de départ. Ce phénomène de surcompensation améliore ainsi les capacités sportives du cheval.

La surcompensation

Les muscles du cheval sont régis par le phénomène de la surcompensation qui améliore ses capacités sportives, lorsqu'il est soumis à des efforts successifs et répétés. En effet, chaque type d'effort comme le saut d'obstacles, la course d'endurance ou le cross nécessite un entraînement adapté. Pendant la phase de repos qui suit l'effort, la réserve énergétique prélevée par le travail retrouve la valeur initiale qu'elle avait avant le travail. C'est la phase de récupération durant laquelle le phénomène de surcompensation se met en route : la quantité énergétique récupérée dépasse alors légèrement la quantité initiale. Des séances d'entraînement successives répétées et bien pensées permettent donc d'augmenter ce surplus énergétique des muscles et, de ce fait, d'améliorer les performances du cheval. Veillez à ne pas reprendre la séance d'entraînement tant que la récupération n'est pas complète pour ne pas perdre ce bénéfice. Le degré d'entraînement du cheval est évalué en mesurant régulièrement ses rythmes cardiaques et respiratoires : au repos, en fin d'effort et après la période de récupération.

Préparation du cheval de dressage

Avec le cheval tenu en main, commencez par marcher au pas pendant 5 à 10 min, ce qui l'échauffe et l'habitue à la selle sans subir le poids du cavalier. En étant en selle, marchez ensuite rênes longues pendant environ 5 min. La détente proprement dite de 15 à 20 min s'ensuit. Demandez à votre cheval des exercices d'échauffement simples : cessions à la jambe au trot, puis au galop et éventuellement un galop à faux. Variez la détente permet de ne pas blaser le cheval.

Fractionner les séances de travail

Les séances de travail auront lieu deux à trois fois par semaine, sans excéder une vingtaine de minutes après la détente, afin de muscler le cheval sans lui demander d'efforts importants, ce qui nuirait à son moral. Les demandes se doivent d'être courtes et peu nombreuses pour que le cheval puisse les assimiler. Accordez-lui régulièrement des pauses au pas.

Demander sans surmener

La juge suisse de dressage Barbara Gorsler indique que lors d'une épreuve de dressage, le cheval est soumis à une forte pression tant psychologique que physique. Pour qu'il conserve sa fraîcheur et s'exprime librement, une certaine harmonie doit lier le cavalier à sa monture. Elle illustre l'importance de la décontraction lors de l'échauffement et du travail des figures de dressage par le principe suivant : « toujours demander, sans jamais surmener ».

En fin de séance, une récupération active sous forme d'étirement au trot enlevé lui permet de « se déplier » pour éviter des courbatures. Ensuite, une dizaine de minutes au pas ont pour but de continuer à éliminer les toxines de ses muscles. Si la séance de travail a été intense, accordez du repos au cheval.

Préparation d'un cheval d'obstacle

Après une détente et un échauffement, une séance classique d'entraînement à l'obstacle comprend généralement quatre phases successives :

• Une phase de gymnastique sur des cavalettis pour routiner le cheval et améliorer sa technique, sans trop le solliciter.

• Une phase de mécanisation sur des obstacles plus hauts disposés sur des lignes présentant peu de problèmes de conduite.

• Une phase d'enchaînement d'obstacles identiques à ceux que le cheval rencontrera en concours.

• Un renforcement musculaire à l'obstacle avec des sauts de puce, des sauts sur des obstacles larges avec ou sans élan, des contre-hauts et contre-bas, etc.

Quel que soit le type d'entraînement, il faut veiller à rester attentif tant au physique qu'au mental du cheval, qui doit absolument conserver sa fraîcheur au travail, particulièrement chez les jeunes chevaux.

Séances de trotting et de galop

L'entraînement sportif du cheval a généralement lieu au trot et au galop après l'échauffement. Plusieurs types de séances peuvent être abordés dans l'ordre suivant :

• Les trottings au trot enlevé d'une trentaine de minutes sur terrain plat.

• Les trottings en terrain varié présentant du dénivelé : montées et descentes.

• Des galops fractionnés avec 3 min suivies de 2 min de trot, le tout répété quatre fois.

• Des canters en continu en restant attentif au rythme respiratoire du cheval.

Selles et accessoires adaptés

Depuis quelque temps, de nouveaux matériaux apparaissent sur le marché et une tendance, chez certains selliers, est de remplacer le cuir par du liège. On constate également des innovations sur les arçons. L'ergonomie est désormais pensée tant pour le cheval que pour le cavalier.

Selles adaptées

Les fonctions essentielles de la selle sont d'amortir les chocs et de redistribuer les charges sur la plus grande surface possible du dos du cheval, sans cependant gêner ses mouvements. Longtemps conçues presque uniquement pour l'utilisation et le confort du cavalier, les selles tiennent actuellement de plus en plus

compte de la morphologie du cheval pour répondre à son confort.
La technique du «saddle fitting» adapte strictement la selle à la morphologie du cheval. En effet, une selle mal adaptée au dos du cheval le gêne, créant un inconfort, voire de la douleur qu'il exprime par des raideurs et des défenses souvent incomprises du cavalier. On voit alors le cheval creuser son dos ou partir en cabrioles sans raison apparente, refusant même parfois de se laisser seller.
Le confort du cavalier ne doit pas pour autant être négligé, car une mauvaise position de sa part gêne également le cheval. La plupart des selles de qualité conviennent à des morphologies classiques, à condition de vérifier certains repères importants. Tenez cependant compte du fait que la morphologie d'un cheval évolue au fil des temps.

Position de la selle

Normalement, lorsque la selle est en place, la sangle qui pend librement doit être verticale. Trop en avant, la selle gêne le mouvement des épaules en les bloquant. À titre de repère, les pointes de l'arçon doivent venir se positionner juste derrière la pointe de l'omoplate (scapula). Trop en arrière, la selle appuie sur les lombaires. Elle ne doit donc jamais dépasser la dernière paire de côtes. Après avoir posé la selle sur le cheval, assurez-vous que la ligne passant par le sommet du pommeau et du troussequin est horizontale lorsque le cheval est en appui sur ses quatre membres, sur un sol plat.
En passant la main entre les panneaux et le cheval, vérifiez que la selle est complètement en contact avec le dos du cheval. La forme des panneaux doit permettre au dos du cheval de remonter dans la phase d'engagement. La gouttière située dessous doit être suffisamment large (8 à 10 cm) pour bien dégager la colonne vertébrale.
Quel que soit le modèle, l'ouverture au garrot est telle que l'arcade de la selle ne doit jamais toucher le garrot. Et ce, quelle que soit la position de l'encolure. Le test consiste à vérifier si trois doigts superposés (ou deux en présence d'un tapis) peuvent passer librement entre le garrot et l'arcade de la selle.
La taille de la selle dépend également du cavalier, car une position non adaptée entraîne une modification d'équilibre, dont peut souffrir le cheval. La taille de la selle doit également s'accorder avec la longueur du dos du cheval. La taille est traditionnellement exprimée en pouces (1 pouce = 2,54 cm). Elle est mesurée en ligne droite depuis l'emplacement du clou situé sur le petit quartier, jusqu'au milieu du troussequin. Les selles classiques mesurent de 16 à 19 pouces. À titre de repère, une selle de 16 pouces (40,6 cm) correspond à une taille vestimentaire

humaine 36/38. Une selle de 18 pouces (45,7 cm) est destinée à un cavalier d'une taille vestimentaire 42. Un siège trop court est inconfortable pour le cavalier. Trop longue, la selle peut appuyer douloureusement sur les lombaires du cheval.

Systèmes connectés innovants

Les progrès de l'informatique permettent de disposer des capteurs placés sous la selle ou sur la sangle. Les points de compression de la matelassure sont alors visualisés sur une application numérique *via* un Smartphone. Cela donne également la possibilité de repérer par thermographie les zones inflammées, donc douloureuses.

Les capteurs de ces « selles connectées » à technologie embarquée, permettent également d'enregistrer la longueur et la hauteur des sauts, les longueurs des foulées de galop, la symétrie du trot, ainsi que la vitesse de propulsion.

Les sangles connectées servent également à mesurer et à enregistrer la fréquence cardiaque, le rythme respiratoire, la vitesse et les longueurs des foulées, la hauteur des sauts et même les calories dépensées par le cheval. Autant de précieuses informations tant pour les performances du cheval que pour le suivi de sa santé.

Astuces de pro

- Pour vérifier sa bonne adaptation, posez-la selle nue sur le dos du cheval sans sangler et faites-le marcher. Normalement, elle doit rester à sa place.
- Pour localiser les zones de contact d'une selle, enduisez de graisse sa partie inférieure. Saupoudrez ensuite le dos du cheval avec de la poussière, puis posez la selle à sa juste place. La poussière devrait rester collée sur les parties en contact.
- Après avoir monté le cheval, vérifiez les traces de transpiration sous le tapis, car elles indiquent les endroits sollicités par des pressions. Des poils « froissés » et des traces différentes des deux côtés indiquent que la répartition des charges n'est pas symétrique. Ces pressions répétées engendrent un manque d'irrigation sanguine des zones concernées, ce dont souffre le cheval.
- L'astucieux système « Port Lewis Impression Pad » est un petit tapis à mémoire de forme placé sous la selle. Une fois retiré, il est possible de repérer les zones d'appui de la selle pendant une séance de travail. Il peut ensuite être réutilisé après lui avoir redonné sa forme initiale à l'aide d'un simple rouleau de pâtisserie.

Accessoires de la selle

La sangle a pour fonction de maintenir la selle en place. La peau où appuie la sangle est très sollicitée. Une matière raide ou abrasive peut donc blesser la peau du passage de sangle. Sanglez légèrement, puis tirez l'un après l'autre les antérieurs vers l'avant et vers le haut. Les sangles munies d'extrémités élastiques donnent de la souplesse permettant à la cage thoracique de fonctionner plus librement. Les sangles à bavette protègent le ventre du cheval d'éventuels chocs dus à des crampons, lorsqu'il trousse fortement ses antérieurs pour sauter.

La fonction principale d'un tapis de selle est de protéger la selle de la sueur du cheval. Dans de nombreux cas, il a par ailleurs un rôle décoratif et un modèle épais peut également favoriser la répartition du poids. Les tapis de randonnée sont prolongés vers l'arrière pour permettre aux sacoches de s'y appuyer sans frotter le cheval. Quel que soit le modèle du tapis, il faut veiller à ce que la sueur séchée ne le raidisse pas. Un brossage régulier permet d'enlever les poils collés, avant de laver le tapis de selle.

Harnachement adapté

Des centaines d'embouchures sont proposées aux cavaliers dans les selleries. Nombreux sont les grands écuyers qui ont mis au point un mors particulier. De récentes expériences prouvent que pour un usage simple, il est possible de diriger un cheval avec des mors très doux, parfois uniquement un licol. On assiste même à des démonstrations de travail sans mors. Le mors doit avant tout correspondre à la bouche du cheval, mais quel que soit le modèle, une action de main brutale ou mal adaptée nuit au bien-être du cheval. Voici les principaux modèles couramment utilisés.

Choix et réglage d'un mors de filet

Le mors classique est le filet brisé qui agit sur les commissures des lèvres.

• Choisir un canon assez gros, car les plus fins sont aussi les plus durs.

• Dans la bouche du cheval, le mors ne doit pas dépasser de plus de 5 mm de chaque côté.

• Les commissures des lèvres ne doivent faire qu'un ou deux plis au niveau des montants.

Choix et réglage d'un mors de bride

Le mors de bride est un levier agissant sur les barres, par l'intermédiaire de la gourmette.

• Choisir de préférence un gros canon présentant un passage de langue adapté à l'épaisseur de la langue.

• Le mors ne doit pas dépasser de plus de 5 mm de chaque côté de la bouche.

• Lorsque la gourmette est réglée, les branches du mors doivent faire un angle de 45 degrés par rapport à l'axe de la tête.

Les ennasures

Ce sont les pièces de harnachement de tête qui n'agissent pas sur la bouche du cheval, mais sur l'extrémité de sa tête. Elles sont très en vogue pour une « équitation sans mors ». Voici les principales :

- Avec un hackamore, le cheval n'a rien dans la bouche. La longueur des branches détermine la puissance du levier qui agit en comprimant le chanfrein, entre la gourmette et le dessus de la muserolle. La muserolle doit être placée un peu plus haut que les naseaux, de manière à faire un angle de 45 degrés avec la tête du cheval, lorsque le mors est en action, mais sans jamais comprimer les naseaux.
- Les muserolles sont destinées à limiter l'ouverture de la bouche du cheval. Trop serrées, elles nuisent à son bien-être, particulièrement la muserolle allemande et la muserolle croisée.

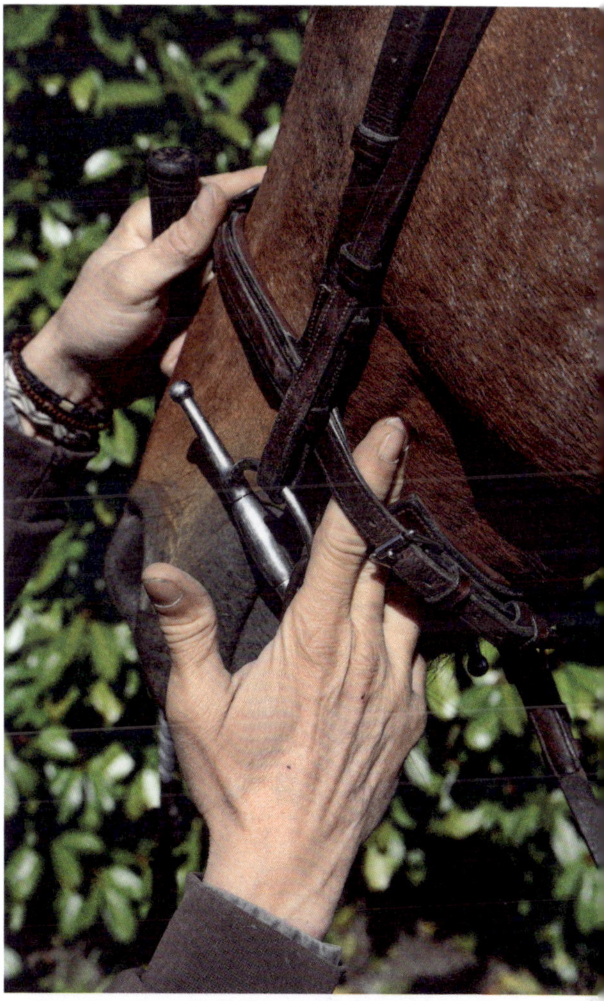

Le règlement international des épreuves de dressage prévoit dorénavant qu'un espace libre de 1,5 cm au minimum soit laissé entre le chanfrein et la muserolle.

Le licol

Quel que soit son modèle, le licol ne doit pas serrer la gorge du cheval. Une muserolle placée à mi-chanfrein ne doit pas comprimer les cartilages des naseaux. Pour le confort du cheval, préférez un licol léger et évitez de le laisser en place en pâture, au risque qu'il s'accroche dangereusement à une clôture ou autre.

D'un concept relativement nouveau, le « licol à nœuds » est constitué d'une simple cordelette où des nœuds sont disposés de façon à appuyer sur des endroits fortement innervés de la tête : les ganaches, sous l'auge, sous les apophyses zygomatiques et optionnellement sur le chanfrein. Inventé aux États Unis par ceux qu'on appelait alors « les chuchoteurs », il a été importé en Europe avec la vague de l'équitation éthologique. D'apparence doux, il peut cependant se révéler très dur.

Équipements interdits

De plus en plus d'autorités qui gèrent les épreuves d'équitation, et notamment de dressage, limitent l'utilisation des harnachements considérés comme coercitifs. La muserolle, que ce soit un modèle allemand ou croisé, est *a priori* destinée à limiter l'ouverture de la bouche d'un cheval qui chercherait à se soustraire à l'action du mors. Pour limiter un serrage excessif qui peut faire souffrir le cheval, en 2019, la Fédération d'Équitation Suisse (FSSE) a réglementé le serrage de tout type de muserolle. Une jauge de 1,50 cm doit pouvoir passer librement entre le chanfrein et la muserolle laissant suffisamment de jeu pour ne pas contraindre le cheval à ce niveau.

Lors d'épreuves de dressage, le règlement précise que les enrênements et autres équipements auxiliaires sont interdits tant sur l'aire d'échauffement que sur le rectangle de dressage. Quelle que soit l'épreuve de dressage, seuls les mors peuvent être autorisés. Tous les enrênements tels que rênes allemandes, martingales et autres, ainsi que les moyens auxiliaires visant à tenir la langue sont également interdits. Ce règlement strict a pour objectif de laisser le cheval s'exprimer naturellement et de le contraindre le moins possible.

Bien dans ses « chaussures »

Que le cheval soit ou non ferré, ses sabots doivent être régulièrement parés pour conserver ses aplombs naturels. Réalisé par un maréchal-ferrant, ce parage est certainement l'action la plus importante du ferrage. En effet, de mauvais aplombs sont à l'origine d'un inconfort et d'une usure prématurée des tendons et des articulations du cheval.

Les fers servant essentiellement à protéger la corne d'une usure prématurée, il est nécessaire, de referrer le cheval toutes les 4 à 6 semaines. Même si les fers ne sont pas complètement usés, le maréchal-ferrant taille la corne qui a poussé depuis le précédent ferrage. Protégée par les fers, elle continue à pousser et le cheval peut se retrouver dans la même situation qu'un enfant qui conservait toujours les mêmes chaussures, alors que ses pieds grandissent ! Par un parage adéquat, l'habile maréchal-ferrant peut également corriger certains défauts d'aplomb : c'est le ferrage dit « orthopédique » qui soulage les pathologies de locomotion.

Juger la ferrure

Une fois ferré, il faut laisser quelques jours au cheval pour qu'il « s'habitue à ses nouvelles chaussures » avant de lui demander des efforts soutenus.

S'il n'y a pas de clous aux extrémités des

La qualité du ferrage conditionne le confort du cheval dans ses déplacements.
Être « bien dans ses chaussures » est nécessaire à son bien-être.

branches, c'est tout simplement pour laisser les talons s'écarter naturellement à chaque poser de pied. Aux extrémités des branches, particulièrement des postérieurs, les fers dépassent de quelques millimètres sur les côtés. C'est la garniture qui améliore la surface d'appui du pied. De plus, les clous sont généralement plus nombreux en branche externe, car la paroi est plus épaisse à ce niveau.

Ferrer ou pas ferrer

Il est nécessaire de ferrer la plupart des chevaux qui travaillent régulièrement, surtout sur des sols abrasifs. Mais un cheval qui « a de bons pieds, donc une bonne corne » peut être monté « pieds nus » tant que la corne ne s'use pas plus qu'elle ne pousse. Un parage est cependant nécessaire pour éviter les déformations et une usure prématurée des articulations. On évite également de ferrer les postérieurs des chevaux qui vivent en groupe afin de limiter les dangers liés aux coups de botte.

4

Gérer le stress du cheval

Les différents stress

Le stress correspond à une réaction normale de l'organisme du cheval qui s'adapte à une situation « hors de la zone de confort ». Quelle que soit l'activité du cheval, il revient à celui qui en a la charge de rechercher l'origine de son stress pour pouvoir le réduire, voire l'annuler.
On admet généralement que le cheval peut être soumis à deux types de stress : le stress aigu et le stress chronique.

Le stress aigu

Cette réaction positive permet à l'organisme du cheval de s'adapter à une situation ou à un évènement particulier pour pouvoir se livrer à un effort court comme franchir un obstacle. Lors d'un effort important, l'organisme secrète des hormones particulières qui lui permettent de s'adapter et de se surpasser. Cependant, un stress répété épuise les réserves de l'organisme, ce qui peut être à l'origine d'une véritable détresse psychologique.

Le stress chronique

Lorsque le cheval souffre d'une maladie ou d'une douleur prolongée, l'organisme se met en alerte permanente. C'est un stress chronique qui a tendance à affaiblir et à réduire ses défenses naturelles. Cela rend le cheval vulnérable et peut même déclencher des pathologies comme un ulcère d'estomac. En améliorant le bien-être du cheval, vous limitez l'apparition du stress chronique, ce qui protège son moral et sa santé.
Le bien-être des chevaux dépend de leur mode de vie, car le stress est souvent lié à un mauvais environnement et à des soins de mauvaise qualité. Le cheval en pâture est moins sujet au stress que celui constamment enfermé dans un box.

Les comportements anormaux répétitifs

Les stéréotypies et les tics affectent le plus souvent les chevaux en proie au mal-être (voir p. 21).
Le cheval qui lèche constamment des objets de son environnement ou mange son crottin, ainsi que de la terre (on parle de « pica »), qui claque des dents dans une direction sans présence de danger et alors même qu'il est seul ou encore qui frotte ses dents sur le haut de la porte du box doit vous alerter.

L'hormone de stress : le cortisol

Le taux de cette hormone, mesuré dans le sang, l'urine ou la salive, permet d'évaluer l'état de stress du cheval. Il augmente fortement lorsque le cheval est soumis à des pressions. La substance sécrétée par le cheval aide son organisme à faire face au stress et à une situation de danger en mobilisant l'énergie nécessaire pour nourrir les muscles (du cerveau et du cœur).

Vous pouvez réduire ces troubles comportementaux en occupant le plus longtemps possible le cheval avec une alimentation fibreuse et en fractionnant au maximum sa ration quotidienne. Vous pouvez également lui permettre de retrouver des rapports sociaux naturels en pâture avec d'autres chevaux ou même lui faire profiter de la compagnie d'un mouton ou d'une chèvre dans son box.

Les signes d'anxiété chez un cheval

En plus des stéréotypies, voici d'autres signaux qui permettent de détecter l'anxiété chez un cheval.

- Baisse d'appétit lorsqu'il change d'environnement.
- Hennissements répétés vers les autres chevaux lorsqu'il se retrouve seul.
- Refus d'entrer dans le van de transport.
- Ne se couche pratiquement jamais.

Limiter le stress du sevrage

Le sevrage correspondant à un moment où le poulain cesse de téter sa mère. La séparation est certainement le moment le plus stressant de la vie du petit. Ce passage douloureux va l'obliger à se passer d'elle, tant sur le plan affectif qu'alimentaire, même s'il consomme de l'herbe depuis quelque temps. L'intensité du stress est observée par la vocalise du poulain et par sa façon de se déplacer.

À l'état naturel, dans un groupe de chevaux, le poulain qui naît au printemps reste avec sa mère et cesse de la téter vers l'âge de 8 à 11 mois et commence à brouter. Cela correspond au moment où la jument a un nouveau poulain. Progressivement, la mère l'empêche de téter en le repoussant vigoureusement. Devenu autonome sur le plan alimentaire, le poulain gagne alors en liberté tout en restant cependant dans le groupe familial pendant 2 à 3 années. Il essaye même parfois de saillir sa mère. L'étalon à la tête du troupeau chasse celui qu'il considère comme un concurrent. Les jeunes mâles peuvent alors constituer un groupe et essayer de s'approprier des femelles pour former leur propre famille.

En contexte d'élevage, le sevrage a généralement lieu à l'automne vers l'âge de 6 mois. Pour limiter le traumatisme du poulain (et de la mère), l'éleveur dispose de plusieurs méthodes. Mal préparé, le sevrage peut entraîner des stéréotypies ainsi que des retards de croissance qui peuvent influer sur sa carrière sportive. Il est reconnu qu'un sevrage trop précoce et mal préparé peut également limiter par la suite la fertilité de la jument, qui donne alors naissance à des poulains chétifs et fragiles.

Voici les différents types de sevrages possibles :

- Séparer brusquement le poulain en l'éloignant suffisamment de sa mère pour qu'ils ne se voient plus, ni ne s'entendent.
- Le sevrage seul au box loin de la mère,

si possible en mettant ensemble deux poulains.

• Dans un élevage important, on procède généralement à un retrait progressif des juments, avec en même temps l'introduction de chevaux adultes. Les poulains sont alors plus ou moins rassurés par la présence d'autres poulains et de chevaux adultes. Néanmoins, il faut leur laisser suffisamment d'espace de liberté pour limiter les excès d'agressivité.

Nourrir un poulain orphelin

Lorsque le poulain est orphelin ou si la mère manque de lait, il est nécessaire de le nourrir au biberon, soit avec le lait d'une autre jument, soit avec du lait déshydraté spécifique.
Le biberon doit alors être muni d'une tétine type « agneau » pour téter entre 7 et 10 fois par jour dans les premiers temps.
Progressivement, il faudra habituer le poulain à boire au seau.

Placés tête-bêche et par affinités, les chevaux aiment se mordiller mutuellement les endroits qu'ils ne peuvent atteindre eux-mêmes. Ce sera l'occasion de repérer les chevaux qui s'entendent naturellement bien.

La crèche est utile pour que la jument ne consomme pas les aliments destinés au poulain. Réglez la hauteur des barres, pour que le petit puisse entrer et sortir librement.

Une autre méthode est de laisser la possibilité de contact avec la mère à travers une barrière pendant la semaine qui suit le sevrage. On peut également mettre le poulain et la mère pendant quelques minutes par jour dans deux boxes séparés par une grille afin qu'ils puissent se sentir mutuellement. On augmente ensuite progressivement cette durée de séparation, tout en laissant du foin au poulain pour l'occuper.

Après avoir séparé les poulains de leur mère, il est conseillé de les laisser par deux dans un même box ou à plusieurs en pâture. Quel que soit le mode de sevrage, on profite de cette période transitoire pour manipuler le poulain en l'habituant progressivement aux contacts avec l'homme. L'alimentation sera constituée de fourrage de qualité auquel on ajoutera des minéraux. Pour limiter les troubles digestifs en passant du lait maternel aux aliments secs, on proposera des aliments de transition contenant des produits laitiers (écrémés en poudre) et végétaux spécifiques (non OGM) associés à des matières grasses riches en oméga 3. Un supplément nutritionnel permet d'apporter au poulain des probiotiques et des prébiotiques qui contribuent à limiter les risques liés aux perturbations digestives.

Réduire le stress du transport

Partir en concours avec son cheval, découvrir de nouvelles régions en randonnée, emmener son compagnon en vacances, autant de cas de figure qui nécessitent de le transporter. Voici comment limiter le stress dans ces situations qui ne sont pas naturelles pour le cheval. Le van tracté (ou autotracté) à deux places est le moyen classique de transporter un ou deux chevaux. S'ils sont nombreux, un camion à plusieurs places sera recommandé. Soucieux d'améliorer le confort des chevaux, les constructeurs font évoluer leurs vans : suspension adaptée, confort de roulage, sécurité intérieure, aérations, par exemple.

Embarquement

L'expérience montre que les risques d'accident sont nombreux à l'embarquement et au débarquement des chevaux. Monter dans un espace sombre et fermé engendre souvent de l'inquiétude, parfois une véritable peur, chez l'animal non habitué ou peut-être précédemment traumatisé. Réussir les premiers transports est donc déterminant. Éclairez l'intérieur du van en ouvrant les portillons latéraux et prenez tout votre temps pour éviter d'affoler les chevaux.

Protection obligatoire

À l'embarquement, au débarquement et également en cas de choc pendant le transport, le cheval peut se blesser. Des protections adaptées doivent être mises en place pour protéger les membres (des couronnes jusqu'au haut des genoux et des jarrets, particulièrement au niveau des tendons). En portant une couverture,

Pour que le voyage en van ne soit pas traumatisant, habituez le cheval dès son plus jeune âge à y pénétrer et à en sortir en toute sécurité. Des protections évitent qu'il se blesse les membres.

il ressent moins les éventuels chocs, lui évitant bien des traumatismes. Retirez-lui les crampons pendant le transport.

De bons voisins

Autant que possible, mettez l'un à côté de l'autre des chevaux qui s'entendent bien et alternez hongres et juments. Une grille placée entre eux évite les morsures. Si deux chevaux voyagent mal, il suffit parfois de modifier leur placement pour que tout se passe mieux.

Gérer les aérations

Par temps chaud, veillez à ce que les aérations soient ouvertes. Inversement, en hiver, assurez-vous que le cheval est à l'abri de courant d'air. Protégez-le par une couverture.

Une conduite adaptée

Démarrez dès que le cheval est embarqué, ce qui a tendance à le bercer. Une conduite « en douceur », avec un minimum d'à-coups, l'aide à supporter ce moment. Préférez les autoroutes et évitez celles qui sont trop sinueuses. Arrêtez-vous toutes les deux heures et ouvrez les portillons latéraux. Évitez de faire sortir les chevaux, car vous n'êtes pas certain qu'ils accepteront de rentrer à nouveau facilement !

Foin et eau

Au cours d'un long transport éprouvant, le cheval peut perdre plusieurs kilogrammes. À chaque arrêt, et au minimum toutes les 4 à 6 heures, donnez-leur de l'eau. Laissez-leur du foin à disposition dans un filet à petites mailles. Cela les occupera pendant le trajet. Mouiller le foin limite les risques de déshydratation. Évitez les aliments concentrés qui peuvent provoquer des coliques.

Mesurer le stress au transport

Lors de l'embarquement ou du débarquement, le taux de cortisol (hormone du stress) augmente. En revanche, il diminue pendant un transport calme, tout en restant cependant élevé par rapport aux valeurs de repos. Ce n'est que quelques minutes après le débarquement que le taux de cortisol revient à la normale. On a constaté que sur de longs trajets, cette augmentation du taux de cortisol peut être à l'origine d'avortements. Pour calmer un cheval stressé, on peut lui donner des compléments alimentaires non dopants qui le tranquillisent. Les plus classiques sont à base de tryptophane qui a pour effet de libérer de la sérotonine (hormone calmante). La passiflore, les fleurs d'aubépine, l'aspérule odorante (appelée parfois « petit muguet ») ainsi que mélisse et la camomille sont également apaisantes, car elles présentent des actions anxiolytiques et relaxantes.

Après un effort intense et prolongé, comme une course d'endurance ou un cross, une serviette mouillée disposée sur l'encolure aide à faire baisser la température du cheval.

Débarquement

À l'arrivée, placez le van de telle façon que les chevaux puissent sortir sans risque. Laissez-les retrouver leur équilibre pendant quelques minutes, puis faites sortir le cheval le plus nerveux en premier. Une fois dehors, faites-les marcher pour vérifier leur état de souplesse et les décontracter. Dans les deux ou trois jours suivant un long transport, il est prudent de surveiller la souplesse, la température et le rythme respiratoire des chevaux.

Réduire le stress au travail et en compétition

La compétition et la recherche de performance représentent des facteurs de stress importants chez le cheval. Lors d'activités sportives, quelques précautions et attentions peuvent limiter le stress en améliorant son bien-être.

Particulièrement à haut niveau, les cavaliers et les grooms sont attentifs tant à la forme qu'au moral du cheval, pour qu'il puisse gagner en performance. Il faut donc travailler autant sur le mental que sur le physique et surtout ne jamais transmettre son propre stress au cheval. Arrivé sur le site de la compétition, après un transport qui doit être le moins traumatisant possible (voir p. 50), il est recommandé de mettre le cheval à l'ombre par temps chaud, à l'abri du vent et de la pluie et en lui laissant sa couverture si nécessaire s'il fait froid. Mieux vaut lui laisser de l'eau à sa disposition et du foin pour l'occuper, mais ne lui donnez pas de granulés dans les deux heures qui précèdent l'épreuve. Autant que possible, le cheval doit être au calme avec un minimum de bruit et d'agitation autour de lui. Cela est souvent difficile sur les terrains de concours ne disposant pas de boxes isolés. Essayez de modifier le moins possible ses habitudes afin de le rassurer et de limiter son stress. Lorsque c'est possible, laissez-le brouter à la longe, ce qui le détend.

La nuit entre les épreuves, mettez le cheval dans des conditions qui lui permettent de récupérer dans le calme, avec, si possible, un éclairage naturel. Évitez la proximité des voisins de box avec qui il ne s'entend pas.

En CSO par exemple, il ne faut pas enchaîner des compétitions importantes, sans laisser au minimum 12 heures de récupération au cheval. Malheureusement, ce n'est pas toujours le cas !

Quelle que soit la discipline, la détente échauffe les muscles du cheval pour les préparer à l'épreuve et relaxe psychologiquement le cheval. Sauter quelques obstacles permet de le « régler », mais sans en abuser pour toujours terminer par un saut réussi.

Dans une épreuve de fond, la « récupération active » consiste à faire trotter le cheval une dizaine de minutes après la fin de l'épreuve pour aider sa musculature à éliminer l'acide lactique qui imprègne ses fibres musculaires (voir p. 33).

Tenir compte de ses envies

Si votre cheval manque soudain de bonne volonté, d'allant, devient froid ou rétive à l'effort, tenez compte de ses envies pour qu'il reprenne plaisir à travailler. Il peut arriver, en effet, que le cheval perde le moral, soit blasé et ne réponde plus à vos sollicitations. Un travail excessif ou mal géré peut réduire son entrain. S'il vous semble stressé, détendez-le dans un premier temps et maintenez ses habitudes pour le rassurer. Dans un second temps, stimulez sa curiosité en le sortant en promenade, par exemple. À pied, vous pouvez jouer avec lui en utilisant un ballon, par exemple, afin de stimuler son instinct de joueur. Au travail, variez des exercices simples en faisant des pauses de deux à trois minutes toutes les 10 minutes, en veillant à ce qu'il reste attentif. Toute agitation ou posture anormale indiquerait un état de stress : contraction de la mâchoire, relèvement de l'encolure, sudation anormale, etc.

Dans ce cas, le retour au calme est requis, puis fractionnez les séances simples d'apprentissage pour que votre compagnon reste à votre écoute. Terminez toujours par un exercice qu'il connaît bien, sans jamais oublier de le récompenser. Rapidement, il devrait retrouver son allant naturel. Une analyse de sang révélera peut-être une carence ou un problème de santé à l'origine de sa baisse de moral et de forme.

Rester attentif aux indicateurs de mal-être

Quel que soit l'exercice pratiqué, veillez à ce que le cheval ne soit affecté d'aucune pathologie, problème de locomotion ni courbature qui pourrait le faire souffrir. Il est nécessaire de le mettre dans les meilleures conditions possibles de travail, tant pour son état moral que physique. Ce sont les indicateurs de mal-être qui permettent de révéler les problèmes dont le cheval souffre : attitude prostrée ou inhabituelle, mouvements anormaux de la queue, oreilles en arrière, manque de forme, etc. L'agressivité peut également être un signe de mal-être.

Particulièrement en randonnée où les allures sont libres, il faut équilibrer le travail du cheval. Le fait de comparer l'état de fatigue, de récupération et de sudation des chevaux entre eux, permet de faire le point sur chacun. Dans une forte pente par exemple, laissez souffler le cheval de temps en temps, ne serait-ce que quelques dizaines de secondes, pour le laisser retrouver son souffle.

Au travail, l'observation et la connaissance du cheval permettent de repérer des indicateurs nuisant à son bien-être. Un indicateur de mal-être peut avoir plusieurs origines. En revanche, une seule cause peut être révélée par plusieurs indicateurs d'inconfort. L'utilisation d'outils connectés et embarquées sur le cheval, comme une sangle munie de capteurs, permet de suivre l'évolution de signes révélateurs d'un état de forme : fréquence cardiaque et respiratoire, distance parcourue, symétrie des exercices, etc.

Décontracter et mettre en confiance un cheval stressé

Faire baisser la tête du cheval permet de le décontracter, de réduire son stress et de vous témoigner sa confiance. Un cheval anxieux et en alerte conserve sa tête levée. Pour y parvenir, mettez un licol au cheval et commencez par désensibiliser sa nuque en le caressant jusqu'à ce qu'il accepte ce contact. Puis, procédez comme suit :

- Une main sur la nuque, résistez avec la longe tenue avec l'autre main, en la tendant légèrement vers le bas. Cela crée une pression du licol au niveau de la nuque.
- Dès que le cheval cède, même une fraction de seconde, relâchez la pression du licol avant qu'il ne relève la tête.

• Recommencez plusieurs fois afin que le cheval baisse la tête de plus en plus bas. Lorsque tout va bien, une simple pression de la main sur la nuque suffira. À ce moment, le cheval vous indique qu'il n'est plus anxieux et qu'il a confiance en vous.

Mise en confiance

Voici quelques conseils :

• En approchant un cheval évitez les gestes brusques. Laissez-lui toujours le temps d'analyser la situation. Même domestiqué depuis longtemps, il reste un « animal de proie » qui se méfie naturellement de tout ce qui pourrait représenter un danger pour lui.

• En pâture, ne le surprenez pas. Marchez lentement vers lui tant qu'il semble confiant. Dès qu'il manifeste une quelconque inquiétude, arrêtez-vous et ne continuez à avancer que lorsqu'il semble à nouveau rassuré. S'il fait mine de s'éloigner, arrêtez-vous et reculez de quelques pas. C'est le principe de « l'approche-retrait » qui vous permet de vous rapprocher progressivement de lui, tout en lui parlant doucement. Une friandise dans la main vous aidera à l'attirer.

• En tendant votre main vers le cheval, gardez la paume vers le haut. En effet, les dresseurs de chevaux américains affirment qu'avec la paume vers le bas, la main peut ressembler à une patte d'ours, un prédateur potentiel du cheval – même s'il n'en a probablement jamais vu. Laissez-lui le temps de renifler votre main pour le rassurer.

• Dès que vous avez passé le licol, remerciez votre cheval d'une caresse.

• Dans un groupe de chevaux, évitez d'aller directement vers celui que vous désirez attraper. Jouez sur sa jalousie en allant d'abord caresser celui qui est le moins farouche, avant de vous intéresser à celui que vous convoitez.

En baissant sa tête, le cheval réduit son stress et indique qu'il est décontracté, sans présenter de signes de défense.

Il lit sur votre visage

Selon le primatologue et éthologue néerlandais Frans de Waal, les chevaux ont la faculté de décrypter nos expressions faciales. Un cheval sera donc rassuré par une personne qui sourit, plutôt que par un visage fermé ou agressif. Il est reconnu qu'un sourire prolongé fait baisser notre hormone de stress, ralentit notre rythme cardiaque et abaisse notre pression artérielle. Ce qui nous rend plus avenant met aussi le cheval en confiance !

Comment faire plaisir au cheval

Il y a mille manières de faire plaisir à un cheval pour améliorer vos relations et passer d'agréables moments ensemble.

Cependant, vous devez toujours veiller à conserver votre position de leader pour que le cheval vous respecte.
La récompense doit être donnée juste après que le cheval vous a apporté satisfaction, afin qu'il comprenne bien que vous le remerciez pour ce qu'il vient d'accomplir. De la même manière, la remontrance ou la correction doit être infligée immédiatement après la désobéissance.

Les friandises

C'est certainement ce que le cheval apprécie le plus. Donner une friandise est un remerciement important dans différentes situations : monter dans le van, effectuer l'exercice demandé, se tenir tranquille, par exemple. Ne donnez pas de friandise sans raison pour que le geste conserve bien toute sa valeur. Les chevaux adorent les carottes (coupées en long), la salade, ainsi que les pommes (également coupées en morceaux pour éviter qu'elles se coincent dans la gorge). Le pain sec qui craque sous la dent est également très apprécié. Évitez ce qui est trop sucré. Vous trouverez dans le commerce des friandises pour chevaux aux goûts différents. À vous de connaître leurs préférences. Quelle que soit la friandise, n'en donnez pas en excès, sans raison et surtout, ne laissez pas le cheval vous en quémander ou, pire, fouiller dans vos affaires pour en chaparder. C'est à vous de décider quand il la mérite !
La friandise doit être présentée dans la paume de la main à plat, le pouce contre les autres doigts, pour éviter les risques de morsure.

Les caresses et gratouillis

La plupart des chevaux adorent les caresses et les contacts, comme ils le font entre eux. Les plus chatouilleux n'apprécient cependant pas certains grattages et peuvent même avoir des réactions agressives à cause de l'étrille. Déterminez les endroits du corps qu'ils préfèrent. Si le cheval allonge l'encolure, c'est qu'il apprécie. Les principales zones sensibles sont notamment l'encolure, l'arrière des oreilles, sur le front, de chaque côté de la queue, sur les fesses, derrière les coudes, à l'intérieur des cuisses. Vous pouvez également passer la main de haut en bas sur les yeux, paupières fermées. Une fois dessellés et débridés, les chevaux adorent se faire gratter les endroits qui étaient au contact du harnachement.
À titre anecdotique, il avait été demandé au cavalier russe Sergeï Filatov, champion olympique de dressage à Rome en 1960, pourquoi il ne caressait jamais son cheval pour le récompenser. Il répondit qu'au contraire, pendant ses reprises de dressage, il n'arrêtait pas de gratouiller discrètement son garrot avec un doigt, mais en conservant la main fixe !

Les massages

Les chevaux aiment se faire masser les parties charnues. Vous pouvez utiliser une étrille spéciale munie de boules que vous frottez de manière circulaire sur ses endroits préférés. Les techniques de shiatsu peuvent vous aider à trouver les zones du corps les plus appréciées par le cheval. Les fabricants proposent des couvertures de massage chauffantes, équipées de vibreurs alimentés par une batterie.

Caresser de la voix

Les chevaux aiment qu'on leur parle. Une voix grave les remercie et les rassure. En revanche, une voix aiguë attire leur attention, les met en garde ou les corrige. Utilisez des mots à deux syllabes, plutôt que de longues phrases. Un ancien écuyer racontait qu'il remerciait toujours ses chevaux en parlant italien, mais qu'il les réprimandait en allemand !

Laissez-le brouter et grignoter !

Brouter en étant à la longe procure du plaisir au cheval, surtout s'il séjourne habituellement en box. Choisissez un endroit herbu et laissez-le faire. Pour éviter qu'il s'empêtre dans sa longue longe, faites-la passer dans l'anneau supérieur du licol.

En promenade, il ne faut pas tolérer que le cheval s'arrête pour brouter. En revanche, vous pouvez le laisser attraper

À chaque occasion, laissez brouter le cheval en passant la longe dans l'anneau supérieur du licol, pour éviter qu'il se prenne les pieds dedans.

çà et là quelques feuilles en bord de chemin, à condition qu'il ne ralentisse pas l'allure. Ce dressage relativement facile à obtenir lui procure du plaisir.

Jouez avec lui

Nombreux sont les chevaux joueurs, surtout les plus jeunes, qui se prennent vite au jeu du ballon, par exemple. Choisissez un espace fermé et envoyez-lui un gros ballon pour qu'il le repousse du bout du nez ou d'un antérieur. Vous trouverez des modèles de grands diamètres dans de nombreuses selleries. Le fait de suspendre un objet à la porte du box permet au cheval de jouer avec pour tromper son ennui.

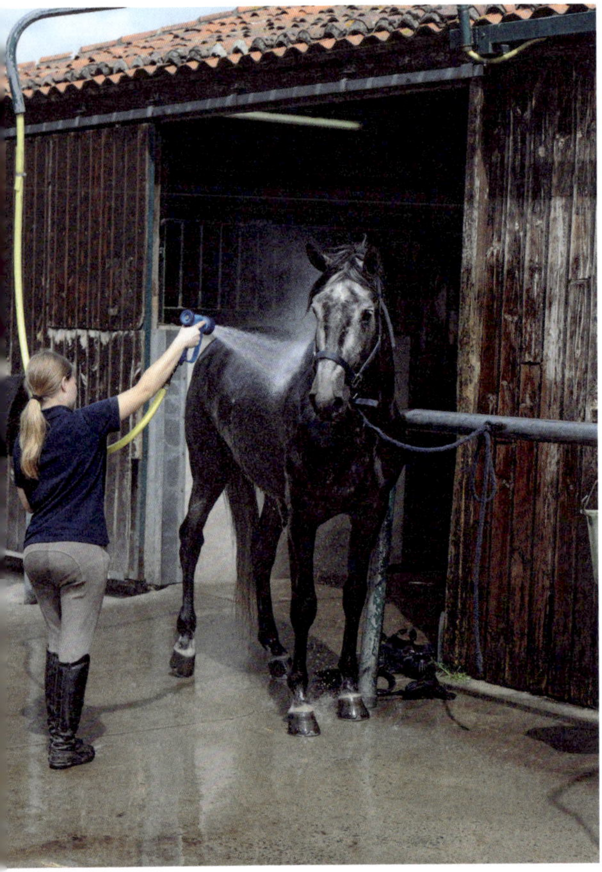

Après le travail, la douche est un moment privilégié pour le cheval, car elle le rafraîchit, le débarrasse de la sueur, tout en le massant avec le jet.

Laissez-le se rouler

Se rouler dans son box ou, mieux, sur une surface de sable est un véritable plaisir pour le cheval, particulièrement au retour du travail par temps chaud, lorsqu'il a transpiré. Cela lui permet de se gratter le dos. Les plus souples arrivent à se retourner en roulant d'un côté sur l'autre. Il vous restera ensuite à le brosser !

Laissez-le piquer un galop

Piquer un galop est un grand plaisir pour un cheval lorsque vous le lâchez en pâture. Comme il botte généralement au démarrage, tenez-vous prudemment à l'écart et faites-en sorte de lâcher tous les chevaux ensemble. Et lorsque vous le montez et que le sol le permet, laissez-le piquer un galop de temps en temps à l'extérieur. Il adore ça !

Une agréable douche

Particulièrement en été et au retour du travail, le cheval apprécie une douche rafraîchissante, à condition de l'habituer progressivement au jet, sans jamais projeter d'eau dans ses oreilles. Essorez ensuite le poil avec un couteau de chaleur et n'exposez pas le cheval au courant d'air, tant que son poil n'est pas complètement sec.

Savoir le laisser tranquille

Ne confondez pas faire plaisir au cheval et vous faire vous-même plaisir. Même si votre compagnon adore que vous vous occupiez de lui, sachez ne pas l'agacer et laissez-le tranquille lorsqu'il recherche la solitude ; particulièrement lorsqu'il mange ou qu'il se repose. Comme ils le font entre eux en pâture, les chevaux savent vous indiquer à quel moment vous êtes de trop. Tenez-en compte !

Le contact des autres animaux

Dans l'écurie ou dans la nature, la présence d'autres animaux peut améliorer le bien-être cheval, ou à l'inverse le stresser dans certaines situations. Voici ses principaux « animaux copains », ainsi que ceux avec qui il s'entend moins, voire pas du tout.

Les animaux copains

Les poneys ou les ânes partagent sans problème la pâture avec les chevaux, et c'est souvent le plus petit poney qui prend le dessus et dirige le troupeau ! En outre, les ânes consomment des chardons et une partie de la végétation que refusent les chevaux.

La cohabitation entre bovins et chevaux se fait généralement harmonieusement et même de façon complémentaire pour la valorisation et l'exploitation de la végétation. En effet, vaches et chevaux ne pâturent pas l'herbe à la même hauteur ; les vaches n'ayant pas de dents à la mâchoire supérieure, mais un bourrelet dentaire. De plus, les bovins pâturent une partie des refus des chevaux.

Chevaux et cervidés cohabitent parfois momentanément dans la pâture si des cerfs et des biches sautent allègrement la clôture. La nuit, les chevaux la partagent avec des lapins, des renards et des petits rongeurs.

Dans les zones de marais, vous pourrez observer des oiseaux pique-bœufs, perchés sur les croupes des chevaux. Depuis ce poste d'observation, ils repèrent et attaquent des petits batraciens qui se montrent lorsqu'ils sont dérangés par les pas des chevaux. L'hirondelle, oiseau ami des chevaux, construit son nid dans les boxes et les débarrasse des insectes.

À la ferme, il n'est pas rare qu'une poule se perche bien au chaud sur la croupe d'un cheval, après avoir picoré les insectes et restes d'aliments qu'elles trouvent dans les crottins. Les souris sont nombreuses dans les écuries, car elles y trouvent de quoi se nourrir. L'inconvénient est qu'elles font parfois leur nid dans les ballots de foin qu'elles contaminent avec leur urine.

Le cheval s'entend généralement bien avec le chien ou le chat de la maison. Dans le but de rassurer un cheval stressé dans son box, les entraîneurs de course offrent parfois au cheval la compagnie d'un mouton, d'une chèvre ou un lapin avec qui il sympathise.

Les ennemis du cheval

Le cheval n'a pratiquement plus de prédateurs même si, récemment, des poulains ont été victimes d'attaques de loups dans des régions reculées.

Si le cheval piétine longuement le sol avant de se coucher, c'est pour s'assurer qu'aucun serpent ne s'y cache.

Cochons et sanglier sont détestés par les chevaux. Ces derniers refuseront même de boire dans un seau qui a servi à nourrir ou à abreuver des cochons.

Les véritables ennemis des chevaux restent les insectes, qui les harcèlent, les piquent et sucent leur sang dès la belle saison. Même si la nature a pourvu les chevaux d'une longue queue pour les chasser, les insectes peuvent agir sur les endroits non accessibles au fouaillement de ses crins.

Les ennemis cachés sont les différents vers qui infestent l'organisme du cheval, le rongent de l'intérieur et se nourrissent à ses dépens. Une vermifugation régulière est la seule arme efficace contre ce type de parasites.

Transmission de maladies

Si les chevaux et les vaches partagent harmonieusement la pâture, il ne faut pas minimiser les risques liés à la grande douve. C'est un parasite du foie que les bovins peuvent transmettre aux chevaux. Quant aux moutons qui s'entendent bien avec les chevaux, ils peuvent être porteurs de la petite douve, qui leur est transmissible et affecte le foie. Les ânes peuvent développer des parasites respiratoires pouvant affecter le cheval.

Chevaux et chiens s'entendent généralement bien, surtout lorsqu'ils se connaissent. Prudence cependant car en jouant ensemble, le cheval peut blesser le chien avec ses sabots.

5

Enrichir l'environnement du cheval

Enrichir l'environnement du cheval, c'est optimiser ses conditions de vie pour améliorer son bien-être. Or, dans la plupart des écuries, les aménagements ont été davantage pensés pour la rationalité et le confort des personnes qui les côtoient que pour les chevaux eux-mêmes.
Le cheval confiné dans son box manque d'activités et de contacts. Que ce soit en pâture ou à l'écurie, des installations simples permettent de se rapprocher le mieux possible du cadre de vie du cheval dans des conditions naturelles. Si elles sont bien pensées, elles permettent de concilier le bien-être du cheval avec ceux qui l'entretiennent et utilisent ses services.
Il est reconnu que les chevaux vivant dans un environnement se rapprochant de leurs besoins naturels ont tendance à mieux développer leur personnalité et à bénéficier d'une plus grande capacité d'apprentissage.

La pâture

Dans la prairie, le cheval retrouve des conditions de vie presque sauvages. Il peut s'y déplacer à sa guise, entretenir des contacts avec d'autres chevaux et se nourrir à son rythme. Mais la vie en pâture ne va pas sans certains inconvénients qu'il convient d'éviter ou de limiter. S'il est nécessaire de penser au bien-être et à la sécurité du cheval, il ne faut pas pour autant délaisser le travail des personnes qui en ont la charge. Voici quelques aménagements pratiques qui concilient les besoins mutuels :

Une superficie suffisante

Idéalement, il faut compter 2 ha de pâture pour entretenir trois chevaux : soit environ 7000 m² par animal.

La clôture

L'idéal est une clôture électrique. Elle est sûre, économique et facile à installer. Pour une clôture électrique permanente, comptez deux à trois rangs de ruban de 4 cm de large, montés sur des piquets solides et connectés à un électrificateur puissant.
C'est dans les angles de pâture que les chevaux risquent de se coincer dangereusement en se chamaillant. Pour limiter ce désagrément, vous pouvez disposer des barres en travers des coins pour faire des pans coupés.

Les haies

Les haies font le bonheur des chevaux en pâture. Elles ont un effet brise-vent sur une distance dix fois supérieure à la hauteur de la haie, ce qui offre un abri naturel contre le vent et les pluies rasantes. En outre, derrière les haies, les chevaux peuvent se protéger des ardeurs du soleil dans la zone fraîche créée par cet écran végétal où, par ailleurs, le drainage du sol est également amélioré. De plus, ils prendront plaisir à se frotter contre la

Derrière une haie, le cheval se protège du vent, des pluies rasantes et des ardeurs du soleil. Il peut également brouter çà et là quelques feuilles tendres.

haie qui abrite également des nids d'oiseaux, des petits rongeurs et même de grands mammifères qui se cachent derrière la haie pour se déplacer à couvert. Ces animaux représentent une compagnie agréable pour les chevaux. Une disposition bien pensée des haies oblige le cheval à se déplacer dans la pâture, ce qui est bénéfique pour sa santé. Celles plantées d'essences végétales peuvent être également fourragères. Si elles sont constituées d'espèces végétales comestibles, les chevaux prélèvent des feuilles, des branchettes et même des fruits. Une coupe « en têtard » permet aux arbres de la haie de se développer en largeur plutôt qu'en hauteur ; ce qui augmente la production fourragère à la portée du cheval. Écartez cependant les essences toxiques tels que l'if et les redoutables érables sycomores responsables de la myopathie atypique.

Voici les espèces habituellement utilisées comme fourrage ligneux pour constituer des haies fourragères :

• Le frêne (*Fraxinus excelcior* et *Fraxinus angustifolia*) : ses jeunes feuilles très appétentes ont des qualités anti-inflammatoires, diurétiques, et hypotensives.

• Le charme (*Carpinus betulus*) a des qualités anti-hémorragiques.

• Le pommier sauvage (*Malus sylvestris*)

Protéger l'écorce des arbres

Les troncs des arbres doivent être protégés des dents redoutables du cheval.
En effet, l'arbre est condamné si l'écorce est arrachée sur tout le tour. Vous pouvez entourer le tronc et les racines qui dépassent du sol avec du grillage, sans cependant le serrer pour permettre à l'arbre de croître en épaisseur. Un autre système est de disposer des perches autour du tronc en les maintenant avec quelques cerclages de gros fil de fer. En bas des perches, disposez un tour de grosses pierres pour maintenir l'ensemble.

dont les feuilles appréciées par le cheval sont diurétiques.

- Le saule (*Salix sp.*) dont l'écorce contient de la salicine, composant de l'aspirine qui limite les douleurs musculaires.
- Le noisetier ou coudrier (*Corylus avellana*) dont les feuilles ont une action anti-inflammatoire et anti-œdémateuse.

Des couloirs de déplacement

Pour inciter les chevaux à se déplacer dans la pâture, vous pouvez créer des couloirs reliant les différents points d'intérêt comme le distributeur de foin ou l'abreuvoir.

Quel que soit l'endroit où le cheval est remis en liberté, afin d'éviter les méfaits de la boue, stabilisez les lieux de passages fréquents et autour du distributeur de foin avec des dalles alvéolées.

Prévoyez des zones empierrées aux endroits de passage obligatoire. Constituées de pierres ou de galets et longues de plusieurs mètres, elles présentent l'avantage de durcir la corne des sabots et d'améliorer l'équilibre du cheval.

Un sas

Disposé à une entrée de pâture, il est utile pour enfermer momentanément les chevaux afin de les attraper plus facilement. Il peut être matérialisé avec une clôture électrique légère. Pour habituer les chevaux à y entrer, une astuce est de les nourrir régulièrement à l'intérieur. Deux ouvertures permettent d'accéder à la pâture avec un véhicule, sans risquer de voir les chevaux s'échapper lorsque la barrière est ouverte. À l'entrée du sas, vous pouvez installer une armoire fermée à clef dans laquelle vous laissez des instruments de pansage, des licols, des produits de soins, etc.

Un abri

Aménagez-le à un endroit où le sol est sec. L'ouverture ne doit pas être orientée vers les vents dominants pour que les chevaux puissent s'y reposer confortablement. S'ils sont nombreux et pour éviter qu'un individu empêche les autres d'entrer, prévoyez deux petits abris, plutôt qu'un seul. Deux ouvertures évitent que les chevaux se coincent à l'intérieur.

Une aire de repos

Appelée également « dortoir », elle représente un espace collectif où les chevaux doivent se sentir en sécurité pour s'y coucher. Il est recommandé que les chevaux puissent voir à l'extérieur tout en étant couchés pour exercer une surveillance inconsciente. L'endroit doit être confortable, protégé de la pluie et du vent. Le sol idéal est constitué d'un matelas en mousse dure de 7 cm d'épaisseur, éventuellement recouvert d'une couche de quelques centimètres de paille, de copeaux ou de sciure. Ce type de litière réduit sensiblement les contraintes de nettoyage. Des paravents intérieurs favorisent l'isolement des chevaux, qui ne doivent cependant pas se sentir trop à l'écart. Prévoyez une superficie de 9 à 12 m² par cheval pour éviter la promiscuité lors du repos, mais tenez compte du fait qu'ils ne se couchent pas tous en même temps.

Une zone de défécation

Comme les chevaux ont tendance à crotter toujours aux mêmes endroits (sans doute dans le but de manifester leur supériorité sur les autres), vous pouvez créer une zone de défécation. Cela vous évite de ramasser les crottins un peu partout. La zone d'environ 3 x 2 m délimitée par des pièces de bois est disposée le long d'un mur pour canaliser les chevaux. Mettez une couche de sable après avoir décapé le sol. Il reste à « amorcer » l'endroit avec un peu de crottins d'un ou de deux chevaux, ce qui incite les autres à venir y crotter.

Une zone de roulade

Cet espace permet aux chevaux de se rouler toujours au même endroit, ce qui représente pour eux un acte cérémonial où chacun y laisse son odeur, incitant les

Une zone de défécation concentre les crottins, évitant de devoir les ramasser un peu partout dans l'aire de déambulation.

autres à faire de même. Les chevaux aiment se rouler après avoir été dessellés et lorsqu'ils ont transpiré. Ils se grattent agréablement le dos en se roulant, tout en se couvrant de sable. C'est également un réflexe naturel pour se protéger des parasites comme le font de nombreux animaux sauvages.

Commencez par repérer l'endroit où les chevaux aiment se rouler habituellement. Délimitez la zone à une bonne distance des distributeurs d'aliments pour les obliger à se déplacer. Une dimension de 6 x 8 m par exemple convient bien pour plusieurs chevaux. Il est fondamental que le sol soit sec toute l'année, souple et sans aspérités. Une légère pente (1 %) favorise le drainage naturel du sol, qu'il est préférable de stabiliser avec des dalles alvéolées. Recouvrez la zone d'une couche de 10 à 15 cm d'épaisseur de sable drainant non argileux (granulométrie de 0/2 à 0/4). Retirez régulièrement les éventuels crottins car les chevaux préfèrent se rouler sur un sol propre.

Des grattoirs

Les chevaux adorent se gratter mutuellement, mais ils apprécieront des grattoirs de pâture disposés à différentes hauteurs : environ 1,60 m pour la tête et 1,30 m pour les fesses et les côtés. Sinon, un tapis-brosse autour d'un tronc fait l'affaire, ou encore des brosses synthétiques (imputrescibles) fixées solidement. Dans ce cas, vous pouvez aligner verticalement plusieurs brosses pour satisfaire toutes les hauteurs de grattage. Dans une de mes pâtures, j'ai volontairement laissé en place un grand arbre abattu, et les chevaux prennent plaisir à se gratter aux branches qui leur conviennent le mieux.

Un distributeur permanent de foin et de l'eau à volonté

Ce dispositif permet aux chevaux de se nourrir à leur rythme. Les granulés sont généralement distribués directement dans des mangeoires. Disposez au moins une mangeoire de plus que le nombre de chevaux. Ainsi, tous peuvent consommer leur ration, même si les plus malins passent d'une mangeoire à l'autre. Particulièrement en hiver, les chevaux ont tendance à stationner longuement autour du distributeur de foin. Stabilisez le sol à cet endroit, ainsi qu'aux zones de passage pour limiter les problèmes provoqués par la boue sur les membres.

Un accès permanent à un point d'eau fraîche et propre permet au cheval de boire au gré de ses besoins.

L'hygiène

Faites-en sorte que les chevaux n'aient pas à patauger dans la boue, qui est à l'origine de pathologies.

Les insectes étant les principaux ennemis du cheval en pâture, il faut éviter les zones humides qui favorisent leur prolifération.

Des passages d'hommes et de véhicules

Prévoyez-les pour pénétrer dans la pâture sans devoir ouvrir et refermer la barrière. Suffisamment étroits pour interdire le passage à un poulain, ils doivent cependant laisser un accès facile aux personnes qui s'en occupent. Différents systèmes vont dans ce sens.
L'ingénieux passage canadien permet aux véhicules d'entrer dans la pâture, sans que les chevaux puissent en sortir. Il est constitué de tubes espacés et suffisamment larges pour qu'un cheval ne puisse pas sauter. Sur le côté, il est pratique d'aménager un couloir destiné aux personnes à pied.

Le vieux cheval

En pâture, évitez de laisser un vieux cheval avec des jeunes, plus fougueux que lui. Dans leurs jeux, ils vont entraîner l'ancien, au risque qu'il s'épuise. En outre, lors de la distribution de nourriture, les jeunes, plus rapides, ne le laisseront pas terminer sa ration au plus âgé et risquent de le chasser pour consommer ce qui reste.

Le passage canadien permet aux véhicules de circuler, alors que les chevaux ne l'emprunteront pas. Les passages latéraux pour piétons sont fermés par des portillons.

Le box

La plupart des écuries ont surtout été agencées en fonction des besoins liés à l'entretien des chevaux, mais pas en réponse à leurs besoins. Il est pourtant facile d'améliorer l'écurie en l'adaptant à ses pensionnaires.

Les besoins du cheval au repos

À condition de se sentir en sécurité, le cheval alterne des temps d'éveil et de sommeil répartis en phases de 30 à 60 minutes. En temps normal, il consacre environ un tiers de son temps à se reposer souvent en appui sur trois pieds, un postérieur au repos, tête plutôt basse, yeux mi-clos. S'il dispose de suffisamment de place, il se couche en décubitus sternal (sur le sternum). Il peut également s'allonger complètement sur le côté, avec la tête reposant sur le sol. Cette position lui permet de relâcher l'ensemble de ses muscles et d'atteindre le stade du sommeil paradoxal, ce qui est uniquement possible s'il dispose de suffisamment de place et que le sol ne présente ni boue ni aspérités. S'il ne peut pas s'allonger complètement, le manque de sommeil paradoxal va nuire à sa santé et à son état émotionnel. On remarquera que tous les membres d'un groupe ne se couchent pas en même temps, certains jouant un rôle de sentinelle. Le cheval ne se repose correctement que s'il se sent en sécurité.

Une litière moelleuse et absorbante

La litière classique du box est en paille de blé mise sur un sol bétonné ou sur des pavés. Malgré de nombreux essais de remplacement (les copeaux de bois, la tourbe, le lin, les fibres de noix de coco et même le papier journal découpé), la paille de blé, en plus de ses qualités absorbantes et isolantes, reste le matériau le plus apprécié par les chevaux. Il s'occupe à grignoter les meilleurs brins tout au long de la journée. La paille longue est la meilleure, comme la paille dite « de nuit » qui est pressée la nuit directement après la moisson afin de conserver sa souplesse. Celle de blé est la plus utilisée, car la paille d'orge peut être irritante. À noter que la paille qui a été traitée aux « raidisseurs de tiges » a perdu une partie de son pouvoir absorbant. Le fumier de paille peut être utilisé en agriculture ou transformé rapidement en compost très apprécié par les jardiniers. L'inconvénient d'une litière de paille mal entretenue est qu'elle émet des vapeurs d'ammoniac et peut être poussiéreuse. Pour réduire l'entretien des boxes, disposez sur le sol un tapis en caoutchouc épais isolant et confortable, recouvert d'une couche de paille de seulement quelques centimètres d'épaisseur ; cela incite le cheval à se coucher tout en facilitant l'entretien.

Améliorer le confort du box

Schématiquement, la longueur du cheval est égale à 1,5 fois sa hauteur au garrot. Les côtés du box ne doivent pas être inférieurs à 1,7 fois cette hauteur, c'est-à-dire à 2,80 m pour un cheval de taille moyenne. En général, le box est donc un carré d'environ 3 m de côté présentant une ouverture sur le devant. En l'agrandissant à 4 m de côté, la consommation de litière et le temps passé à l'entretenir sont augmentés suivant le rapport des surfaces entre ces boxes de dimensions différentes : 16 m² pour un box de 4 m de côté et 9 m² pour un box de 3 m de côté. Le rapport entre ces deux superficies (16:9) est de 1,8, donc presque deux fois plus pour le box de 4 m que celui de 3 m. C'est la raison pour laquelle la plupart des boxes se limitent à 3 m de côté.

Pour que le cheval profite du soleil, les ouvertures doivent être préférentiellement dirigées vers l'est ou le sud, à l'abri des vents dominants, surtout s'ils sont porteurs de pluie, afin de favoriser un équilibre thermique. Un espace de liberté clôturé, correspondant par exemple à 3 m de largeur situé dans le prolongement arrière de chaque box d'une travée, permet aux chevaux de s'offrir un peu de liberté. Mais encore faut-il que ce box soit équipé d'une porte arrière. On parle alors de « box-terrasse » où les chevaux sont libérés le jour et peuvent communiquer avec leurs voisins.

Le défaut de la plupart des boxes est l'absence de d'interactions sociales. Dans un box classique, les chevaux peuvent tout au plus se voir au niveau de la façade, sans pouvoir se toucher comme le font ceux en liberté. Une possibilité d'enrichissement du box est d'équiper le mur séparateur d'une grille permettant aux chevaux de se flairer entre eux. Vous avez le choix entre deux types de grilles.

- Montées sur le mur séparateur de deux boxes contigus, les grilles aux barreaux serrés permettent aux chevaux de se flairer entre eux, mais sans réel contact physique. Vendues dans le commerce, elles se mettent en place sur un soubassement maçonné du mur séparateur de deux boxes contigus. La hauteur de ce mur est généralement de 1 m. Quelle que soit la longueur des barreaux, ils sont en tubes galvanisés d'environ 21 mm de diamètre. Les normes des haras prévoient un espace libre de 60 mm au maximum entre deux barreaux, pour éviter que les chevaux se coincent la mâchoire en jouant entre eux. La grille ne correspond généralement qu'à environ deux tiers de la longueur du mur ; la partie située au niveau de la mangeoire étant fermée par le mur ou une cloison pour que les chevaux puissent consommer leur ration sans compétition avec le cheval d'à côté.
- Les « boxes sociaux » sont le résultat d'une étude, datant de 2019, réalisée dans le Haras national suisse d'Avenches. Dans

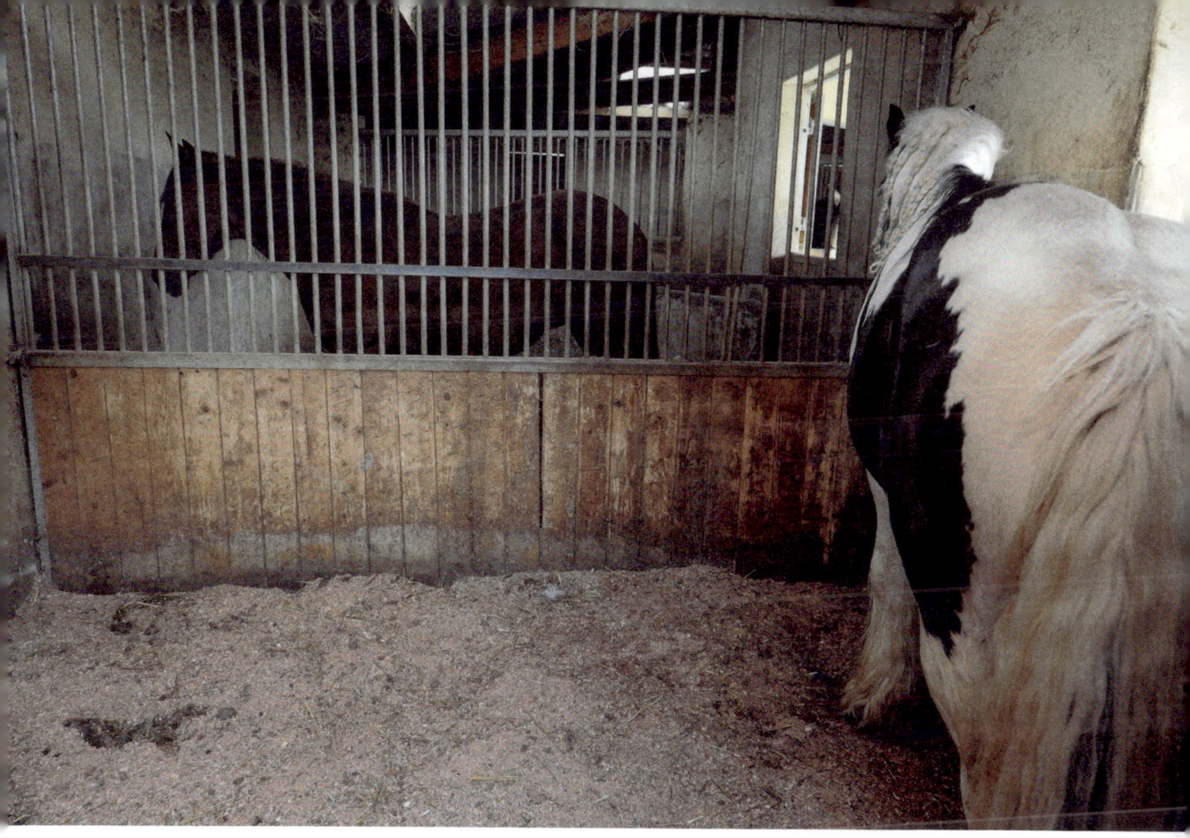

Des grilles disposées sur les murs séparateurs des boxes permettent aux chevaux de communiquer visuellement, recréant ainsi un effet de groupe.

ce concept, des barres allant du sol au plafond sont disposées sur environ la moitié de la paroi et écartées de 30 à 35 cm, ce qui laisse la possibilité aux chevaux de passer la tête et l'encolure pour se livrer à des interactions sociales accrues. Afin d'éviter que le cheval se blesse la tête en la retirant, les barres peuvent être capitonnées ou recouvertes de tubes en matière synthétique.

Pour permettre aux chevaux de s'isoler s'ils en éprouvent le besoin et particulièrement lorsqu'ils ont accès à la mangeoire, les barres sont disposées soit au milieu de la paroi, soit sur le côté qui ne se situe pas en face de la mangeoire. On peut également imaginer un montage permettant de régler l'écartement des barres pour les adapter à la largeur de l'encolure des chevaux. À noter qu'une période d'adaptation est nécessaire pour habituer les chevaux aux contacts de leurs voisins. Ce type de box donne satisfaction avec tous types de chevaux.

En plus des grilles permettant aux chevaux de communiquer, des brosses fixées à la bonne hauteur sont utiles aux chevaux pour se gratter. Un « jouet » suspendu au-dessus de la porte permet de les occuper. Des auvents disposés au-dessus des portes leur laissent sortir la tête et permettent ainsi aux chevaux de mieux communiquer avec l'extérieur. Hélène Roche, chercheuse en éthologie, précise que

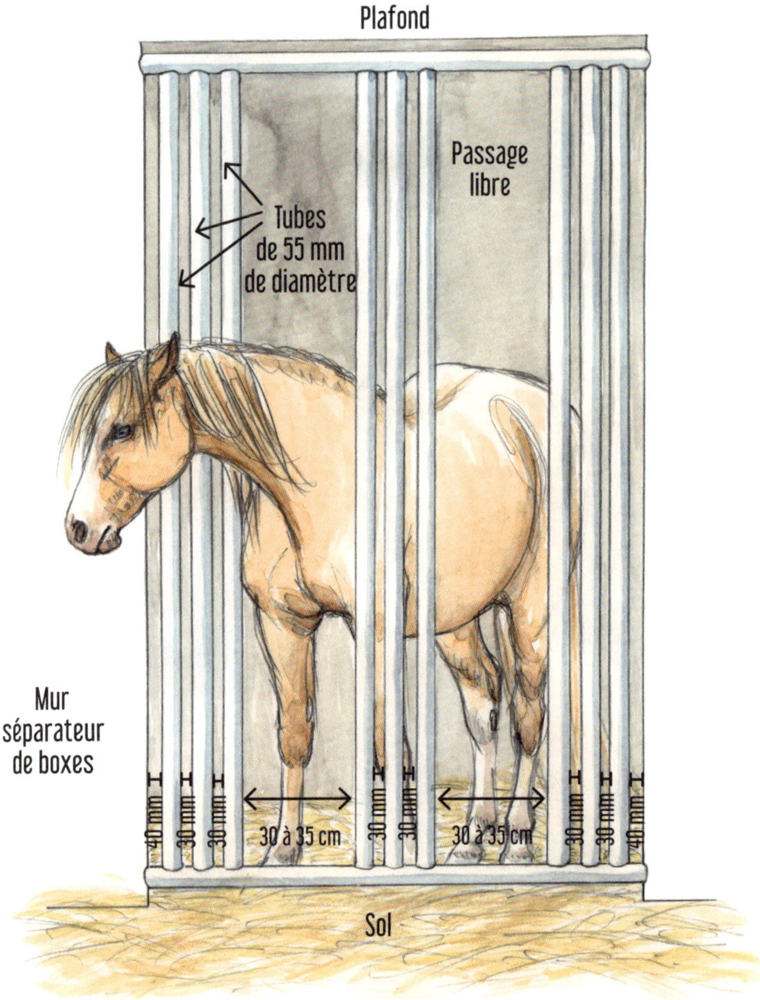

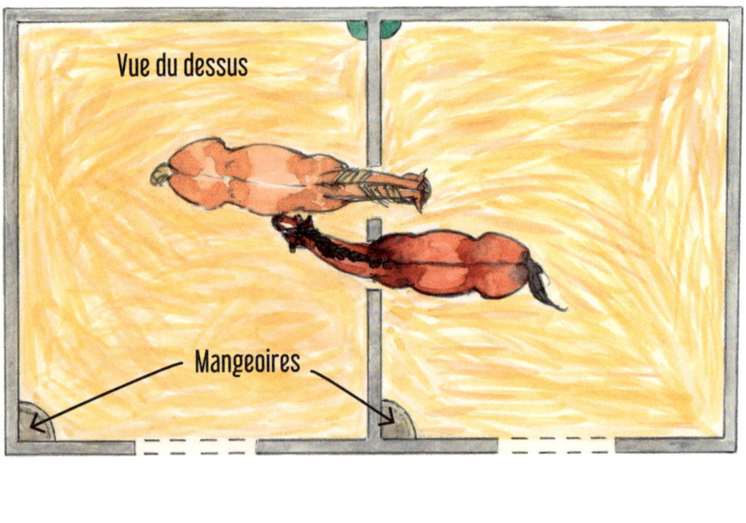

Un espace entre deux barres des grilles permet aux chevaux de passer l'encolure, pour retrouver des contacts sociaux naturels en se flairant et en se grattant, comme ils le font à l'état naturel.

« plus le nombre d'ouvertures dans le box est important, moins le cheval est susceptible de manifester de comportements anormaux ».

Évitez le bois à l'intérieur des boxes, car il peut être rongé par les chevaux. De plus, c'est un matériau difficile à désinfecter. Les matériaux comme la brique bénéficient d'un effet tampon sur les écarts climatiques. Enduisez les parpaings sur une hauteur de 1,60 m de haut pour qu'ils résistent aux coups de pied qui pourraient les faire éclater dangereusement.

Dans chaque box, une mangeoire est normalement fixée dans un coin près de l'entrée pour pouvoir y verser les aliments facilement, compte tenu de l'état d'excitation habituel du cheval. Dans ce but, un montage astucieux permet d'accéder directement à la mangeoire depuis l'extérieur du box. Pour éviter les problèmes de concurrence, il est conseillé de disposer les mangeoires de sorte que les chevaux de deux boxes contigus ne puissent pas se voir pendant qu'ils consomment leur ration.

L'abreuvoir est généralement placé dans le coin diagonalement opposé à la mangeoire pour éviter que le cheval n'y crotte en mangeant et ne boive plus par la suite. Les boxes sont pour la plupart équipés d'abreuvoirs automatiques dont il faut régulièrement vérifier le bon fonctionnement.

La porte du box donnant sur l'extérieur est souvent dotée d'un volet qui peut être fermé la nuit par temps froid afin d'améliorer le confort calorifique du cheval. Une entrée d'air reste cependant nécessaire.

Un ou deux anneaux d'attache disposés sur les murs intérieurs peuvent être utiles pour attacher le cheval lors de soins, par exemple. Un anneau extérieur par box trouvera son utilité pour panser le cheval et l'attacher pendant l'entretien du box ; ce qui lui évite de respirer de la poussière.

Une bonne ventilation et température

Animal des vastes espaces, le cheval a besoin d'une grande quantité d'air non vicié. On dit sur ce point « qu'un cheval respire comme dix hommes ». Son système respiratoire étant relativement sensible, le box doit donc être ventilé en partie haute pour éviter les courants d'air. Dans un espace fermé, la circulation d'air est limitée, ce qui favorise l'accumulation de matières irritantes et pathogènes, à l'origine de maladies respiratoires. Les principaux problèmes viennent des vapeurs d'ammoniac dégagées par le fumier de la litière et des particules dues à des champignons et des bactéries (de type actinomycètes) venant du foin et de la paille. Le foin sec et poussiéreux libère des spores qui contaminent la litière. Le renouvellement d'air sain est donc important.

Pour éviter les poussières, distribuez du foin enrubanné légèrement humide, qui doit cependant être consommé rapidement après ouverture de la balle. Il est également possible de tremper le foin. Afin que le cheval n'inhale pas les poussières de la litière et celles du pansage, sortez-le du box pour son entretien. À titre d'anecdote, dans les anciens haras, on obligeait les palefreniers à siffloter lors du pansage collectif pour limiter la respiration des poussières, et aussi pour limiter leurs discussions !

Le cheval résiste bien au froid, il est donc fortement déconseillé de surchauffer le box. Tant qu'il n'est pas tondu, il n'est pas normalement pas nécessaire de le protéger du froid dans les régions tempérées, à condition qu'il soit à l'abri des courants d'air.

Confort lumineux et sonore

La réglementation française indique que les chevaux ne doivent pas être maintenus en permanence dans l'obscurité ou uniquement à la lumière artificielle. L'intensité lumineuse dans l'écurie doit permettre de voir distinctement les chevaux et correspondre au moins à celle perçue à l'extérieur dans une zone d'ombre ; ce qui peut nécessiter un éclairage artificiel complémentaire. Dans ce but, on recommande un éclairage entre 60 et 100 lux à 1 m du sol, ce qui correspond pour un box classique à une lampe à incandescence d'environ 100 à 150 W. À noter que le système d'éclairage doit être protégé et hors de portée du cheval. L'éclairage intérieur doit respecter l'alternance naturelle jour/nuit, ce qui est parfois difficile dans les écuries ne bénéficiant que de peu d'ouvertures vers l'extérieure. Quel que soit le système d'éclairage artificiel, il faut éviter l'éblouissement, les chevaux étant très sensibles aux forts écarts de luminosité.

Vous pouvez installer des boxes à l'intérieur d'un ancien bâtiment suffisamment spacieux, en profitant des murs en place. Pour améliorer le confort, il est possible de percer des ouvertures, ce qui est difficile dans un gros mur porteur mais permet à chaque cheval de sortir l'encolure et, si possible, d'avoir accès à une terrasse extérieure faite d'un paddock individuel.

Le bruit ne doit pas dépasser 65 décibels pour permettre au cheval de se reposer dans le calme.

La stabulation

Jadis, les chevaux de travail étaient hébergés en stalles étroites, ce qui leur permettait tout au plus de se coucher en position sternale (en vache) mais pas complètement sur le côté et sans possibilité de se rouler. Pour éviter qu'ils se chamaillent notamment au moment de la distribution de nourriture, il est conseillé de disposer des grilles ou des murets hauts à l'avant des stalles. Ce mode d'hébergement prend très peu de

Des paddocks couverts avec accès à des mangeoires collectives sont généralement utilisés pour des poneys, qui se retrouvent ainsi en groupe.

place, limite l'entretien de la litière et permet d'accéder facilement aux chevaux qui sont tous attachés dans le même sens. Un système de billot limite les risques de prise de longe en laissant l'attache constamment tendue. Un mousqueton de sécurité doit permettre de détacher rapidement le bat-flanc au cas où le cheval passerait dessous après s'être couché sur le côté ou, pire, l'avoir enjambé. Si elle est rationnelle pour l'homme, la stalle ne peut être qu'un mode temporaire d'hébergement, car la plupart des besoins du cheval n'y sont pas assurés : pas de place suffisante pour se coucher, pas de déplacement ni de contacts sociaux possibles et uniquement la vue d'un mur, sans vision arrière. Pour un hébergement temporaire, comptez une largeur de stalle de 2 à 2,50 m. À noter qu'au Danemark et en Suisse par exemple, l'attache en stalle de longue durée est interdite.

Chevaux à l'attache

Il arrive, en randonnée notamment, de laisser les chevaux à l'attache pendant la nuit. Pour éviter les risques de prise de longe, le cheval doit être attaché à une hauteur d'au moins 1,30 m à un endroit où il peut reculer sans risque. Une attache souple et suffisamment longue doit lui permettre de se coucher sans difficulté. Un système de billot vient en complément.

Un nœud de sécurité permet de libérer le cheval en cas de problème. Les anneaux d'attaches doivent être distants d'au moins 1,50 m pour limiter les risques de querelles, mais cette proximité peut stresser un cheval craintif. Lorsque deux chevaux stationnent relativement près l'un de l'autre, un sujet dominant peut se montrer agressif envers son voisin. En temps normal, le sujet dominé se soumet en s'éloignant, ce qui lui est impossible lorsqu'il est maintenu. Pensant que son voisin lui tient tête, le dominant peut alors redoubler dangereusement d'agressivité. Il faut donc veiller à positionner l'un à côté de l'autre des sujets qui s'entendent bien.

Stabulations collectives

De nombreux poneys sont hébergés en paddocks collectifs, ce qui leur permet de se livrer à des activités sociales. Des stabulations collectives peuvent également être installées dans des bâtiments. La superficie étant faible, il est conseillé de tenir compte des affinités. En paddock, on constate d'ailleurs que ceux de rang inférieur passent moins de temps à se reposer que les dominants. Pour que chacun puisse consommer sa ration d'aliments, utilisez des musettes et un distributeur collectif de foin auquel chacun peut accéder suivant ses besoins. La stabulation intérieure peut bénéficier d'une ouverture sur une pâture, par exemple, en fonction des besoins et des conditions climatiques.

L'écurie ouverte

Si vous ne disposez que de quelques de centaines de mètres carrés dans une zone semi-urbaine, vous pouvez aménager une écurie ouverte où le cheval peut se déplacer en retrouvant un semblant de vie naturelle. Cela convient à deux ou trois chevaux de propriétaire.

L'ensemble clôturé est généralement rectangulaire. Il dispose d'un abri ouvert permettant aux chevaux d'entrer et de sortir librement, sans risquer de se coincer mutuellement. Un distributeur de foin est placé plus loin, si possible éloigné de l'abreuvoir pour obliger les chevaux à se déplacer.

L'abreuvoir est, si possible, alimenté par l'eau de la ville. Mais vous pouvez mettez en place une tonne à eau équipée d'un abreuvoir automatique. Un voyant permet de vérifier le niveau à distance.

Les aliments peuvent être distribués dans des logettes individuelles de nourrissage. Pour fractionner et individualiser la ration, il est désormais possible de mettre en place un système informatisé.

Dans ce type d'installation, les chevaux sont libres de leurs mouvements même s'ils ne bénéficient que d'une superficie relativement restreinte, mais suffisante, pour pouvoir se déplacer. D'un entretien facile mais qui doit être régulier, ce type d'installation convient particulièrement aux chevaux d'extérieur, plutôt rustiques.

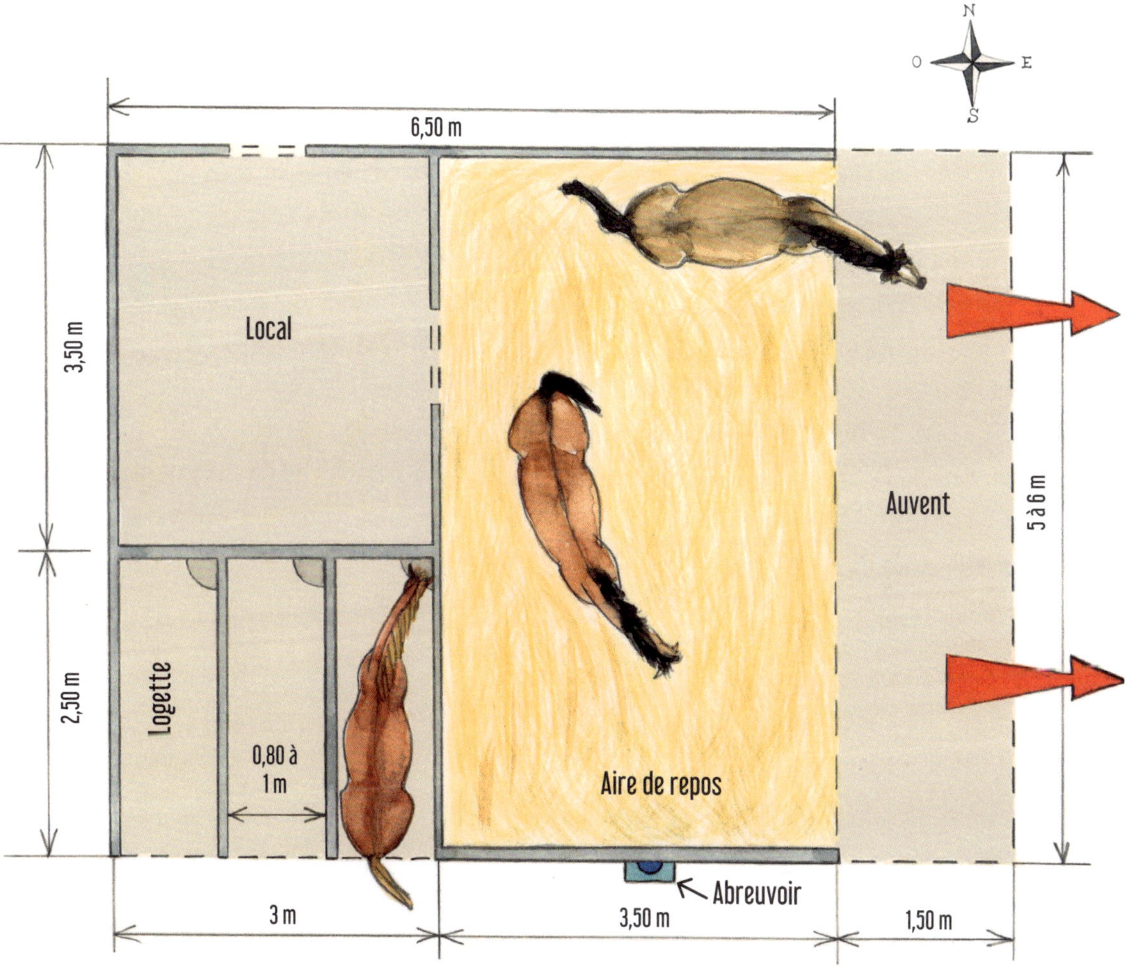

L'aménagement de l'écurie ouverte permet aux chevaux d'entrer et de sortir à leur guise de l'abri, tout en allant se nourrir dans des logettes, sans être dérangés par les autres chevaux.

6

Les concepts innovants

Dans le concept de l'écurie ouverte, les chevaux ont un libre accès au foin, tout en conservant l'effet de groupe.

Voici des concepts innovants qui tendent à remplacer progressivement les écuries classiques. Ils visent à tenir préférentiellement compte des besoins des chevaux pour qu'ils puissent se déplacer librement, avoir la possibilité d'établir des rapports sociaux entre eux et fractionner suffisamment la nourriture pour retrouver, le mieux possible, un rythme alimentaire naturel.

Le paddock paradise

Imaginé par le maréchal-ferrant américain Jaime Jackson, le concept appelé « paddock paradise » incite les chevaux à se déplacer pour retrouver un mode de vie davantage sauvage au sein d'un troupeau mobile. En effet, le cheval est libre, marche beaucoup, ce qui n'est pas le cas lorsqu'il séjourne dans une pâture où la végétation en abondance sur place ne l'incite pas à bouger.

Dans ce modèle d'organisation, des couloirs obligent le cheval à rallonger les distances parcourues entre les points d'intérêt. Il doit alors se déplacer pour aller du distributeur de foin à l'abreuvoir, puis aux aliments, avant de rejoindre l'aire de repos. Les couloirs mesurent entre 4 à 8 m de large pour permettre aux chevaux de se mouvoir à plusieurs de front et de se croiser sans risque.

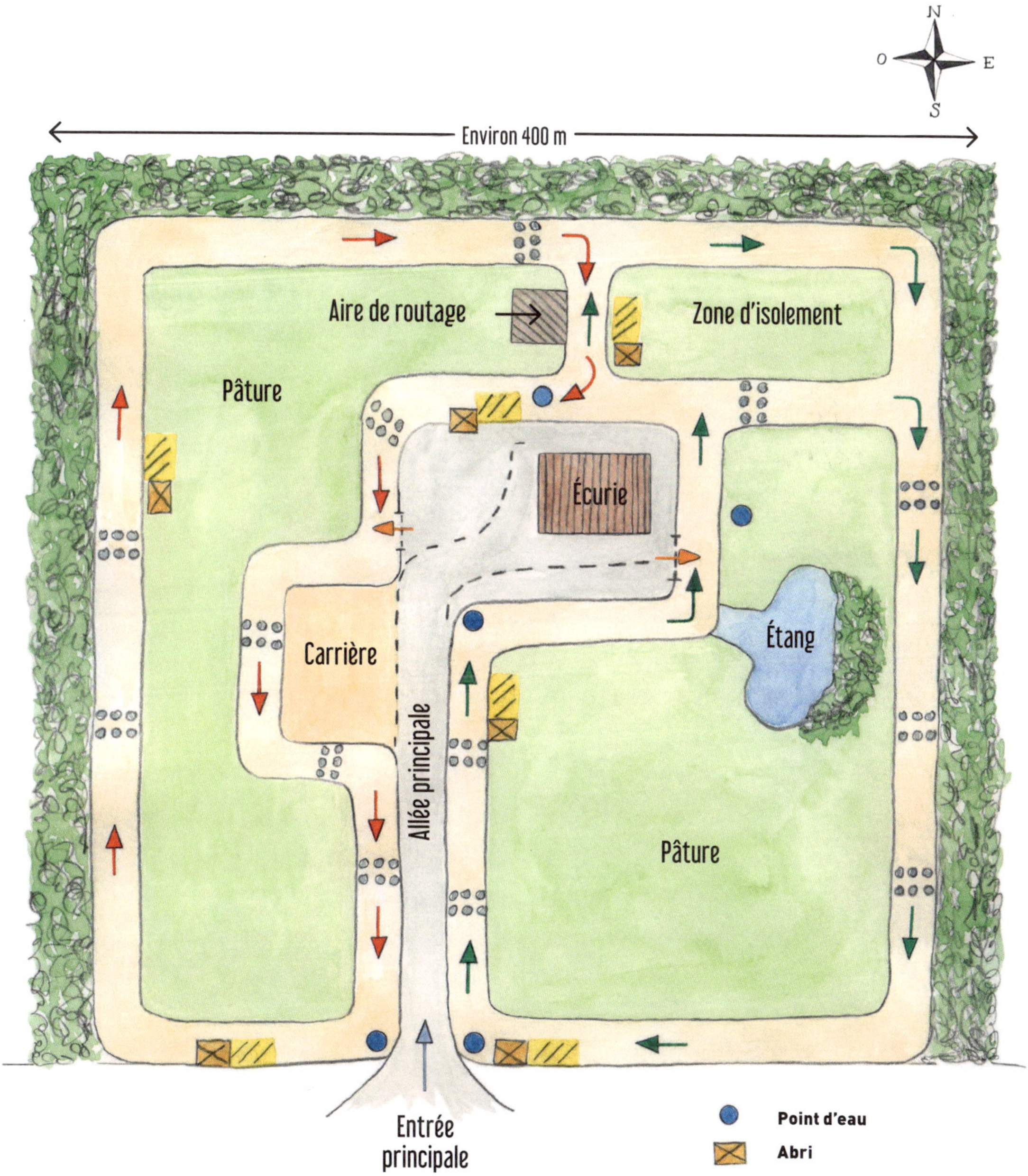

- Point d'eau
- Abri
- Foin
- Sol empierré
- Zone boisée
- 1er circuit
- 2e circuit
- Entrée circuit 1 ou 2
- Entrée principale

Des portails disposés sur les circuits permettent de faire varier les parcours suivis par les chevaux. On peut ainsi n'ouvrir qu'une partie aux chevaux, séparer deux groupes ou isoler certains d'entre eux. Chaque option doit cependant laisser un libre accès tant à l'abreuvoir qu'au distributeur de foin ou d'aliments.

Pour améliorer leur agilité et leur équilibre, des obstacles naturels tels que troncs ou murets sont disposés en travers des couloirs, obligeant les chevaux à les franchir. Des passages obligatoires faits de grosses pierres (type galets) favorisent le durcissement de la corne. Un jeu de barrières modifie les parcours afin de gérer l'accès aux zones à pâturer, en fonction de la pousse de l'herbe. Ce type d'installation convient à un troupeau stable et bien hiérarchisé lorsque les chevaux peuvent librement se livrer à des contacts sociaux. Pour éviter les risques de blessures dus à des coups de botte, il est cependant conseillé de ne pas ferrer les postérieurs ; ce qui est pénalisant notamment pour les chevaux de sport.

Pour être fonctionnel, le paddock paradise nécessite une superficie de plusieurs hectares. La longueur des couloirs demande de très grandes clôtures électriques et la surveillance régulière de l'ensemble.

L'écurie active connectée

Imaginé par l'allemand Thorsten Hinrichs dès 1991, le principe de l'écurie active (ou dynamique) a été mis en œuvre en France depuis 2008. Il respecte les trois grands besoins fondamentaux du cheval au naturel : être nourri pratiquement en continu, ou du moins le plus souvent possible en fractionnant les rations, pouvoir se livrer à des activités sociales avec ses compagnons et être incité à se déplacer tout au long de la journée.

C'est le prolongement direct du paddock paradise. Le cheval y bénéficie d'une grande liberté. La distribution des aliments est pilotée par un ordinateur. Le cheval fractionne ainsi son alimentation suivant ses besoins dans la limite de la programmation des rations. De plus, il se déplace à sa guise. Le but est de repenser complètement l'agencement des écuries et des centres équestres en tenant compte, en priorité, du bien-être du cheval. Loin de l'hébergement « carcéral » du box, ce concept innovant permet de remettre le cheval dans des conditions sauvages. Des études scientifiques sont encore en cours, mais il est déjà reconnu que cela réduit le stress du cheval, diminue ses troubles comportementaux, ainsi que certaines pathologies liées à l'enfermement et au manque d'exercice physique.

Au sein de ce type d'écurie, le cheval marche naturellement 1 à 2 heures par jour à vitesse lente tout en paissant, ce qui correspond quotidiennement à plus de 6 km, alors qu'en pâture, il se déplace beaucoup moins. Une activité locomotrice quotidienne est, en effet, nécessaire à son bien-être et à sa santé. Comme en paddock paradise, ce dispositif l'incite à se déplacer entre les différents points

Dans ce type d'organisation innovante, les chevaux sont obligés de se déplacer pour rejoindre les différents points tels que les aires de nourrissage, de roulage, de repos, les points d'eau, etc.

d'intérêt positionnés à des endroits éloignés les uns des autres. Le cheval doit donc marcher pour consommer ses aliments complets, distribués en petite quantité, avant d'aller boire plus loin, accéder au foin à un autre endroit, se reposer et déféquer encore ailleurs. Tout au long de la journée, il peut se livrer à ses activités sociales avec ses compagnons dans un contexte de semi-liberté.

De plus, le parcours peut être jalonné de haies naturelles ou de murets lui permettant de s'isoler, de se protéger du vent et des pluies rasantes. En outre, il y a possibilité d'installer à des endroits judicieux des brosses pour qu'il puisse gratter les parties de son corps qu'il ne peut pas atteindre seul.

Comme pour l'écurie ouverte (voir p. 78), une aire de repos couverte et équipée d'un matelas souple avec de la paille est également prévue, tout comme un espace visant à concentrer les crottins. Il est bon également de prévoir une aire d'intégration pour les nouveaux, ainsi qu'une zone de roulade et un sas pour y attraper les sujets récalcitrants. Les concepteurs indiquent que pour le même nombre de chevaux, l'écurie active nécessite environ deux fois moins de surface qu'une écurie traditionnelle. En revanche, les différentes constructions occupent beaucoup de place à des endroits séparés.

Par mesure de prudence, les postérieurs des chevaux doivent être déferrés pour limiter les dangers liés à des rixes.

Gestion informatique de la distribution des aliments

Les progrès de l'informatique, ainsi que les réductions de ses coûts ont incité les fabricants à imaginer des systèmes automatiques de distribution des aliments. Les informations de quantités individualisées sont centralisées *via* une application numérique qui peut être consultée et pilotée sur un ordinateur ou un Smartphone. Cela permet à tout moment d'ajuster les quantités distribuées de foin ou d'autres aliments. Un transpondeur sous forme de collier ou une puce accrochée à la crinière ou intégrée au licol ouvre le portillon d'accès au sas de distribution des aliments. Le cheval déclenche ensuite automatiquement le doseur, ainsi qu'un minuteur. Il quitte la zone d'automate par un deuxième portillon situé devant lui, pour laisser place à un congénère. Un apprentissage est obligatoire pour accoutumer les chevaux à cette automatisation, notamment du fait des mouvements des portillons. Il faut compter une semaine à trois mois.

Ce système, qui doit être étroitement contrôlé (une panne informatique ou un bourrage peut vite advenir), vient en complément de la surveillance régulière du soigneur.

Conclusion

Si le cheval libre est heureux dans son milieu naturel, il peut cependant passer une vie agréable sous la protection de l'homme, au sein d'installations qu'il a adaptées à ses besoins. Chaque cheval est unique et, outre les conseils figurant dans cet ouvrage, c'est en observant vivre votre compagnon que vous pourrez adapter son environnement pour répondre le mieux possible à son bien-être. Tout en tenant compte des contraintes liées à son entretien et à son utilisation, évitez néanmoins de le surprotéger pour qu'il conserve ses qualités de rusticité.

Le cheval doit rester un animal qu'il faut aimer pour ce qu'il est, et non pas pour ce que d'aucuns aimeraient qu'il soit !

Annexes

Restez attentif à votre cheval

Comme tout homme ou femme de cheval soucieux du bien-être de son compagnon, sachez repérer quelques signes révélateurs.

• Il est anormalement agité au box.

Alors qu'il est habituellement calme au box, le cheval est soudain agité, tourne en rond transpire, a de la paille sur le dos car il s'est roulé et sa litière est toute remuée. Ce sont les signes d'une colique qu'il est urgent de soigner, car elle fait beaucoup souffrir le cheval. Dans un premier temps, mettez le cheval dans un endroit où il ne peut pas se blesser et évitez qu'il consomme des aliments. Notez l'heure de vos observations et appelez le vétérinaire en urgence.

• Il est très long à consommer sa ration.

Si un cheval boude sa ration ou ne la consomme que très lentement, assurez-vous qu'il a de l'eau à sa disposition. Un cheval qui a soif ne mange généralement pas. Changez son aliment, car il peut avoir un goût qui ne lui convient pas. Sa dentition ou une blessure au niveau de la bouche peut le faire souffrir et une fatigue excessive peut également couper son appétit. Il peut aussi être terrorisé par la présence d'un voisin dominant et craint alors d'approcher sa mangeoire.

• Il semble ne pas voir correctement.

Si vous constatez que le cheval avance en hésitant, a tendance à buter contre des obstacles pourtant bien visibles, vous pouvez suspecter un problème de vision. Pour vérifier, cachez un l'œil avec le plat de la main et approchez rapidement l'index de l'autre main en feignant de toucher la cornée. Normalement, il doit fermer l'œil par réflexe lorsque le doigt s'approche, ce qui indique alors qu'il voit bien de cet œil. Vérifiez ensuite l'autre œil.

• Il grince constamment des dents.

Cette affection qui se nomme « bruxisme » indique généralement un état de stress du cheval. Le fait de grincer constamment des dents peut également révéler un ulcère d'estomac. Le vétérinaire saura vérifier l'intégralité de cet organe, dont souffrent de nombreux chevaux.

• S'il s'arrête soudain de consommer ses granulés.

Un cheval qui consomme gloutonnement ses granulés peut s'arrêter brusquement de les mâcher, car un bouchon est bloqué dans le pharynx. De la salive mêlée à des aliments peut alors sortir de la bouche, voire des naseaux. Il faut consulter le vétérinaire et, par la suite, mettre des pierres dans l'auge pour obliger le cheval à prendre le temps de mâcher ses aliments en les imprégnant de salive, ce qui favorise la déglutition.

• À quand la mise-bas ?

Le moment de la mise-bas est toujours très attendu, alors voici quelques signes indiquant que le poulinage est imminent. Si, arrivée à maturité, la jument ne consomme pas sa ration du soir, le poulinage peut être prévu la nuit suivante. Si vous observez que des gouttes de la consistance de cire se forment sur les mamelles, la jument devrait accoucher dans les 8 heures. Mais elle peut retarder la naissance de son petit et attendre d'être en totale sécurité, souvent au petit matin, pour le mettre au monde.

• Il rechigne à se laisser seller.

Un cheval qui rechigne à se laisser seller ou s'affaisse lorsqu'on le sangle souffre certainement du dos. Il peut également grogner significativement à la réception d'un obstacle. Le fait de passer la main sur la ligne du dessus du dos peut alors provoquer une défense. Il est temps de consulter un vétérinaire pour soigner ce problème de dos.

• Il marche sur des œufs.

Si vous constatez que le cheval semble « marcher sur des œufs » en posant anormalement ses pieds, il s'agit certainement d'un problème de locomotion. Commencez par vérifier que la sole n'est pas blessée ou qu'un caillou n'est pas coincé dessous. Vérifiez ensuite la ferrure et la chaleur des pieds, qui sont normalement froids. Quelle que soit l'origine du problème, il faudra mettre le cheval au repos et le soigner sans attendre.

Annexes

Vérifications à faire

• La température rectale

La prise de température est un acte banal permettant de vérifier l'état de santé du cheval. Elle se mesure avec un long thermomètre qui a été secoué pour faire redescendre la colonne. Un aide soulève la queue, puis le thermomètre lubrifié est introduit dans l'anus en veillant à ce qu'il touche la paroi interne pendant une minute. La température normale au repos est de 37,5 °C à 38 °C pour un cheval adulte, et de 37,5 °C à 38,5 °C pour un poulain.

• La fréquence respiratoire

La fréquence respiratoire moyenne d'un cheval au repos est de 10 à 15 cycles par minute. Un cycle correspondant à une inspiration plus une expiration. Elle augmente rapidement avec le stress ou l'effort mais chez un cheval au repos, un accroissement anormalement fort indique une souffrance. Pour mesurer le rythme, mouillez le dos de votre main et présentez-le face aux naseaux, en tenant une montre de l'autre main. Le souffle du cheval est perçu sur la main mouillée.

• La fréquence cardiaque

La fréquence cardiaque permet d'évaluer l'état de santé du cheval ou mesurer sa récupération après un effort. Le pouls normal d'un cheval au repos est de 30 à 40 battements par minute pour un sujet adulte et de 50 à 70 pour un poulain. Il se mesure normalement avec un stéthoscope à gauche du passage de sangle, entre le coude et le thorax. Sans stéthoscope, vous pouvez mesurer le pouls en appuyant modérément avec l'index et le majeur sur l'artère faciale située sur la face interne de la ganache. Le pouls peut se mesurer en 15 ou 30 secondes, puis ramené ensuite à une minute.

• La couleur des muqueuses

La variation de la couleur des muqueuses oculaires et des gencives peut révéler des problèmes internes. Normalement rose saumon, les muqueuses deviennent rouge brique, voire presque violettes en cas d'inflammation, de forte température ou de déshydratation sévère. Les teintes jaunâtres sont quant à elles généralement liées à des problèmes de foie.

• Le temps de remplissage capillaire

Le temps de remplissage capillaire indique l'efficacité du système de circulation sanguine. Le test consiste à presser fortement avec le pouce sur la gencive de la mâchoire supérieure pendant 5 secondes, puis compter le nombre de secondes que met la muqueuse pour passer du blanc au rose. Le temps normal est de 2 secondes.

• Le test du pli de peau

Paradoxalement, un cheval déshydraté peut refuser de boire, car il a perdu la sensation de soif. Le test très simple du pli de peau indique son état de déshydratation lorsque la peau à perdu plus ou moins sa souplesse naturelle. Le test est de pincer et de soulever la peau sur le côté de l'encolure, en avant de l'épaule. Relâchez ensuite le pli et comptez le nombre de seconde mis pour que la peau se remette à plat. Normalement, le pli met 2 secondes à disparaître. S'il reste marqué entre 2 et 5 secondes, la déshydratation est modérée. Au-delà de 5 secondes, une intervention vétérinaire est nécessaire pour réhydrater le cheval.

• Le cheval urine foncé

Alors que les urines du cheval sont normalement jaune clair, méfiance si elles se colorent en brun foncé. Lorsque le cheval est campé et refuse d'avancer, cela peut être grave. Car il s'agit certainement d'un grave « coup de sang », lorsque l'urine est colorée par le sang, suite à l'éclatement de fibres musculaires. Arrêtez immédiatement le cheval et consultez un vétérinaire en urgence. Pour juger la couleur de l'urine, jetez un mouchoir en papier blanc à l'endroit où il urine, pour qu'il s'en imprègne.

Du même auteur
aux Éditions Vigot

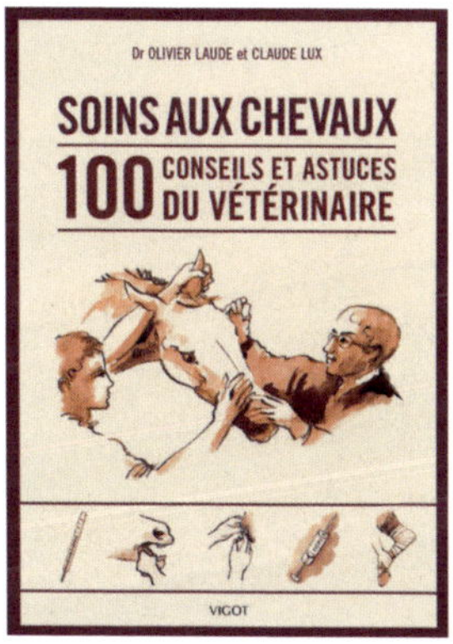

Soins aux chevaux : 100 conseils et astuces du vétérinaire

ISBN : 978-2-7114-2198-5

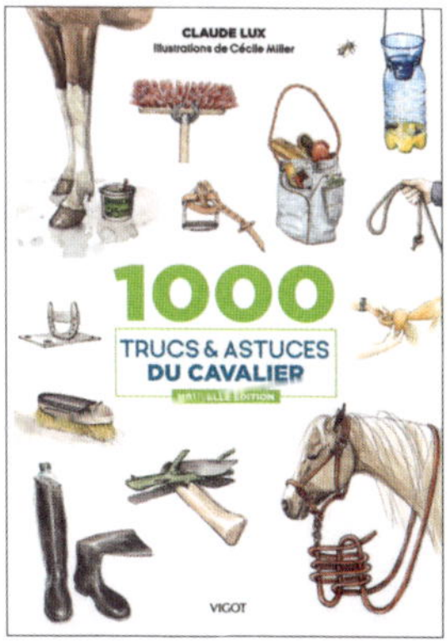

1000 trucs & astuces du cavalier

ISBN : 978-2-7114-2588-4

50 jeux et activités pour éduquer votre cheval

ISBN : 978-2-7114-2536-5

Illustrations : Cécile Miller
Photographies : Thierry Ségard ; sauf p. 12, 22, 28 et 65 © Claude Lux ; © Getty Images : p. 5 © Vikarus, p. 8 © Tatiana Dyuvbanova, p. 18 © Groomee, p. 30 © Delpixart, p. 42 © Alberto Duran Photography, p. 80 Pavle Bugarski, p. 85 © Oceane2508, p. 87 et couverture © NastjaPungracic
Conception graphique de l'intérieur : Mathilde Delattre-Josse
Responsable d'édition : Coralie Moutat
Édition : Angéline Plume
Responsable de fabrication : Claire Leleu
Assistante de fabrication : Charlotte Roullier
Photogravure : IGS

ISBN : 978-2-7114-2599-0

Dépôt légal : mai 2021

Achevé d'imprimer en Espagne par Graphycems